新时代
职场
新技能

秘书工作手记 3
学会办事

像玉的石头 / 著

SECRETARY
WORK
NOTES
3

清华大学出版社

北京

内 容 简 介

办事能力是职场中非常管用的"硬通货"。学会办事,"学会"的过程本质上就是认识职场规律、适应职场规律的过程。石头哥在这本书里分享自己对办事规律的认识和体会。比方说,办事要理解领导意图,按领导要求办,因为与领导相处的热度决定了你的职场高度。办事要讲礼仪和规矩,礼仪绝不是繁文缛节,那是人心中最柔软的地方。办事要会说话,很多事,可办可不办,话说得好,能办的可能性就大。办事要注重细节,小事也能让你脱颖而出。办事要有耐性,身处职场的长跑,笑到最后才算笑得最好,等等。掌握规律,保护自己,谋求发展,赢得尊重,是有本事、想成事的职场人应当学会的技能。

图书在版编目(CIP)数据

秘书工作手记 . 3,学会办事 / 像玉的石头著 . —北京:清华大学出版社,2022.1(2024.11重印)

(新时代·职场新技能)

ISBN 978-7-302-59661-5

Ⅰ.①秘… Ⅱ.①像… Ⅲ.①秘书—工作 Ⅳ.① C931.46

中国版本图书馆 CIP 数据核字 (2021) 第 249692 号

责任编辑:刘 洋
封面设计:李召霞
版式设计:方加青
责任校对:王荣静
责任印制:刘海龙

出版发行:清华大学出版社
    网   址:https://www.tup.com.cn,https://www.wqxuetang.com
    地   址:北京清华大学学研大厦 A 座   邮   编:100084
    社 总 机:010-83470000   邮   购:010-62786544
    投稿与读者服务:010-62776969,c-service@tup.tsinghua.edu.cn
    质 量 反 馈:010-62772015,zhiliang@tup.tsinghua.edu.cn

印 装 者:大厂回族自治县彩虹印刷有限公司
经   销:全国新华书店
开   本:170mm×240mm   印   张:16.25   字   数:230 千字
版   次:2022 年 1 月第 1 版   印   次:2024 年 11 月第 11 次印刷
定   价:79.00 元

产品编号:091827-01

成为一个成熟的人，去面对复杂的世界

疫情期间，石头一直在追国家地理的一部自然纪录片，名字叫《水深火热的星球》。纪录片的主题相当聚焦，就是记录野生动物是如何在自然环境中艰难求生的。比如，为了觅食，白颊黑雁夫妇带着三只雏鸟从悬崖上跳下，只有一只雏鸟存活；雪豹在捕食过程中，咬住羚羊从 30 层楼的高度滚下，竟然从未松口。

在自然界，生存还是死亡永远是个严肃的问题，每一天都胆战心惊，每一天都要竭尽全力。镜头里的动物们无时无刻不在努力，只要停下脚步，就可能成为别人的盘中餐。

相较之下，人类就幸运太多了。我们虽然也要为了生活奔波，有时还要违背自己的心意挤出笑脸，好像受了莫大的委屈，但毕竟早已不需要时刻面对生存还是死亡的考题，如果没有什么更高的追求，刷着抖音、吃着外卖，无所事事地过一辈子，似乎并不是一件难事。

这种安逸之下，我们大概会忘记人类走出丛林其实并没有多久。"丛林法则"真的从人类社会完全消失了吗？我们真的

不用再面对"生存竞争"了吗？答案当然是否定的。

特别是身处职场，身处科层制的大单位，一定会有资源多寡之分，有实力强弱之分，有职权大小之分，有指挥和被指挥之分，有工资多少之分，有被敬畏和被轻视之分。职场不会完全如你想象或希望的那样，而是有其自身的规律，受到类似于自然界"丛林法则"的规律调控。规律或许平日里无人言说，但谁要想挑战它，注定会头破血流。

作为"秘书工作手记"系列的第三本，石头想在这本书中谈的主题词叫"办事"，这个"办事"，不仅是指"办文办会办事"的办事，在工作中，大家按上级要求做出的所有动作都可以算作"办事"。办文和办会，难道不是"奉命办事"吗？所以，办事，才是职场最核心的行为，办事能力，才是职场最管用的"硬通货"。

学会办事，"学会"的过程本质上就是认识职场规律、适应职场规律的过程。石头会在这本书里分享自己对办事规律的认识和体会。比方说，办事要理解领导，按领导要求办，因此与领导相处的热度决定了你的职场高度。办事要讲礼仪和规矩，礼仪绝不是繁文缛节，那是人心中最柔软的地方。办事要会说话，很多事可办可不办，话说得好，能办的可能性就大。办事要注重细节，小事也能让你脱颖而出。办事要有耐性，身处职场的长跑，笑到最后才算笑得最好，等等。

这些规律你可能未必都满意，甚至可能一时难以接受。然而，真正的勇士，往往有极强的适应性和坚定的决心。不抱怨、不幻想、不放弃。躬身入局，下场打拼。掌握规律，保护自己，谋求发展，赢得尊重，才是有本事、想成事的职场人应当做出的选择。

"世上只有一种英雄主义，就是认清了生活的真相后依然热爱生活。"成为一个成熟的人，去面对复杂的世界吧。愿你有所收获，更愿你前程似锦。

像玉的石头（石头哥）

目录

下篇 / 实践篇 秘书小蔡成长记

上篇

技巧篇

办事的艺术

领导：与领导相处的热度，决定了你的职场高度

chapter 1

<<<

一、领导为什么重要?

不少人进入单位，只满足于找同为"小白"的人做朋友，而与领导保持距离，对领导避而远之，能躲多远就躲多远。更有人自命清高，不屑于主动接近领导，把按领导要求办事、与领导搞好关系看作是低三下四、丧失人格，觉得自己光靠能力就能打天下。

过了一段时间，有些人开始回过味来：不对呀，怎么能够按领导要求办事、跟领导走得近的人都进步了，而那些领导说东偏往西，非要另搞一套的人，即使业务挺强，还是越来越江河日下了呢?

事实上，在一个科层制的体系或组织里面，与领导相处得如何，领导对你的看法如何，都会深刻影响你的职场命运，道理其实一点也不复杂。

1. 领导驱动单位运转

先从这个组织本身来看，一个组织自上而下、令行禁止，驱动它运转的根本动力在哪里? 其实很简单，就是下级听上级的，按上级的指令办事，也就是领导的权威。

石头工作这么些年，经历很多单位，接触了那么多领导，无论单位大小、体制内外，一个单位能搞得好，绝对不是仅仅靠氛围开明、环境民主、大家畅所欲言，而是靠领导远见卓识、杀伐决断，带着大家目标一致往前走。

如果单位的领导没有权威，打仗的时候一声令下"冲呀"，转头一看，人居然都跑了，这仗没法打了！所以说，只要是需要讲令行禁止的地方，需要讲上行下效的地方，领导必须有权威。假如一个组织的领导没有权威，可以想象，它离分崩离析肯定就不远了。

2. 向领导学习：画布策略

再从个人成长的角度看，服从领导，按领导的要求办事，就是对自己人格的矮化吗？其实完全搞反了。

这里石头想给大家介绍一个概念，叫作"画布策略"（见图 1-1）。

图 1-1　画布策略

所谓"画布策略"，说的是西方画家，不管是米开朗基罗也好，达·芬奇也好，刚开始学习画画的时候，都是在大画家家里当学徒。他们的主要工作就是，发现大画家要画油画，赶紧给找来画布。

画里也许有你的功劳，但是你所处的位置，是给人铺画布的，当然画上不会署你的名字。

铺着铺着，画家才开始愿意教给学徒一些画画的技法，这才上了正道。这就是学徒做的事。也可以把这种精神称为"学徒精神"。

"画布策略"的关键是，小人物在工作上给大人物帮助，为大人物铺路，让大人物把事情做得更漂亮，以此来换取自己发展的机会。

当你一穷二白，会的东西不多，手里什么资源都没有的时候，除了帮大人物办好小事，铺好画布，还有什么可做的呢？还有什么途径让别人愿意教你、帮你呢？可能没有。

给别人当学徒就给你提供了一个机会，你现在把自己和一个高手连接到了一起，可以从内部了解第一手的经验，这就是学徒工作的意义。你用自己的礼敬和服务换取机会，这个机会不一定是马上立功露脸的机会，而是更重要的机会——学习实践的机会。

在职场里，是要有点"学徒精神"的，哪个大神不是从学徒出来的呢？从功利角度讲，你可以把这件事当成一项投资，与其你欠大人物一个人情，不如让他欠你一个人情。

说到这儿，石头想拿自己举个例子。经常会有人问我，石头，你一个做行政工作的，怎么会想起来写书出书，而且一下还出了那么多本？你的动机是什么？

我会坦然地告诉他，其实我就是"画布策略"的受益者。

石头刚工作的时候，认识了一位领导，他还有一个身份——全国知名的小说家。因为觉得有意思，石头经常利用下班后的时间帮这位领导录入手写稿件、校对，有时候还帮忙联系出版社，处理一些杂事。

录着录着，脑子里就萌生了一个念头：要不，自己也写写看？于是试着写一些小文章。开始只是在朋友圈发一发，后来被一位因录稿认识的编辑看到，强烈建议石头结集出版。这么好的事，石头之前哪敢想，《秘书工作手记：办公室老江湖的职场心法》这本书就这样诞生了。

想当大人物，先当好小人物，只有善于给高手施展创造条件，高手才愿意带你玩。多么真实而朴素的道理啊！

初入职场，你所面对的高手，往往就是你的领导。所以，只要你还在某个组织或单位里，就要树立信念：**与领导好好相处，赢得领导的欣赏信任，努力从领导身上汲取养分，这是第一要务。与领导相处的热度，决定了你的职场高度。**这根本性的道理，很多人到退休也没想通。也是，这种事，哪个不是在心里藏着掖着呢？

3. 面对领导的心态

在面对领导的时候，怎样的心态最有益？

石头强烈建议大家，你在工作中按照领导的要求办事，给领导提供服务和帮助，不要把这些看成是在给领导打工，被领导驱使，而是要把这些看成是学习观察的机会。

你想啊，领导往往都是某个行业的佼佼者、领先者，都是社会的精英。要把领导看作前辈和长辈去尊重，看成精英去学习，而不是看成命运决定者去巴结！这样，和领导相处会越来越成为一种享受，而不是负担。

不要惧怕与领导见面的机会，不要因为自己的情绪而减少与领导见面的频率。

石头知道，即使说了这么多，不少人还是会有心理负担，觉得接近领导、琢磨领导是"功利主义""短期主义"，只有扎扎实实做好手头的工作才是"静水流深""长期主义"。

这种思维完全把"长期主义"和"短期主义"对立起来，把"短期主义"污名化了。

石头再拿自己做公众号举个例子。做公众号，既要有长期的内容思维，又要有短期的流量思维。一篇文章，内容固然要深刻实用，给人启发，标题最好也得有点"噱头"，甚至时不时当当"标题党"，否则读者的注意力早就被视频里跳舞的小美女吸引走了，根本就懒得点进来看你，再好的内容也无人欣赏。

工作也是一样，做营销和练内功，这两种思维不是非此即彼的，而是可以共存的，该做短期的工作就得做短期的工作，该吸引领导的注意就得吸引领导注意，该表现的时候就要勇敢表现。但同时，也要坚持内容思维，做一些有长期价值的事情，练内功的事情。这两个思维不能说只重视一个，不重视另一个。

4. "守正用奇"

有些人可能还有困惑：石头，你敲字倒是容易，既要又要还要，辩证统一、统筹兼顾，一套一套的，但真正落到实践上，天天有写不完的稿子、整不完的档案、做不完的表格，琢磨人和琢磨事哪有那么容易平衡呀？

确实，人的精力有限，时间有限，想同时把两件事做到十全十美、完美无缺，是不太可能的。

办公室顾问团的老部长曾教给石头一个精力分配法则，石头觉得有一定道理，也转述一下供大家参考。

中层及以下人员，在琢磨事与琢磨人上，七三开，首先要做到以自身实力立足，用本事说话，靠实绩取胜，同时适当花一些精力抬头看路。

上到中层之后，在琢磨事与琢磨人上，五五开，琢磨事侧重于抓工作落实，琢磨人侧重于理顺关系、赢得支持。

要是当了单位一把手，一般来说应做到琢磨事与琢磨人三七开，把主要精力放在拓展人际关系、打开局面上。

石头有个校友叫张磊，是国内非常优秀的投资家，接连投出了腾讯、京东等著名企业，当然，我认识他，他不认识我。据传，他的投资哲学始终坚持一项基本原则，叫作"守正用奇"，化用自老子《道德经》中的"以正治国，以奇用兵"。

张磊认为，投资要获得成功，既要在坚持高度道德自律、人格独立、遵守规则的基础上，坚守专业与专注，拥有伟大的格局观，谋于长远，同时还要不拘泥于形式和经验，勇于创新，出奇制胜。做人做事讲究正，才能经得起各种各样的诱惑。思考决策讲究奇，才能找到属于自己的空间。"守正"给"用奇"以准绳，"用奇"给"守正"以反馈。

在单位做事何尝不是如此。**"守正"我们可以理解为乐观正派，任劳任怨，总能扎实靠谱地完成工作，"用奇"则是用心体会琢磨，盯住领导的需求和关切，勇敢地抓住每个露脸出彩的机会。**守正和用奇结合在一起，才能在职场发挥最大的效用。

讲完这些，面对领导的时候你是不是就坦然多了？

二、关于领导的几个常见认识误区

近几年周树人先生有句话在网上很红："人类的悲欢并不相通，我只是觉得他们吵闹。"意思是说，每个人都沉溺于自己的生活和认知，人与人之间相互理解其实是很难的。做自媒体时间越久，越能体会这句话的精妙。人与人之间的认知差异如此之大，没有必要也不可能相互说服，别较真，避免呐喊，否则会被气死。

放到部下和领导身上，上述原理同样成立。由于身位、经历和价值取向不同，部下和领导之间相互不理解是很正常的事。比如，就加班这件事来说，领导想的是大家怎么加班加点把今年的工作总结写好，圆满地完成今年的工作任务；你想的是家里孩子还小，需要我晚上辅导作业，凭什么在这儿给你推稿子，到时候又不是我去汇报！

问题来了：人们在互联网上相互不理解不是一件大事，大不了老死不相往来，互骂一句"傻缺"完事。但你跟领导之间不行，你如果坚持认为领导是"傻缺"，领导也一定会认为你是"傻缺"，恐怖的地方在于，权力是单向的，他手中有支配你，甚至伤害你的权力，不理解的后果就会非常严重，有些人甚至因此而赔上整个职业生涯。出路只有一条，我们去顺应领导的理解方式，看看他为什么会这样那样地思考问题，道理究竟何在。

1. 误区一：工作我干，凭什么他跟大领导汇报？

"我们科长真是个坏领导，为什么工作是我干的，最后科长跑去给大领导汇报，甚至大领导根本就不知道有我这个人，我没办法跟着他干了！"石头时常在后台看到这样的问题，这是大头兵对自己直接领导最常见的一个误区。

一级对一级负责，下级对上级负责，这是科层制组织的一个重要特征。一般表现为：科员负责具体干活，对科长负责；科长负责完善提升，对领导负责。科长跟领导汇报，是职责所在，无可厚非。科长才是你们科室的唯一代表，说难听点，你们科室的所有成绩和过错，首先都应该记在科长头上。

你可以想象一下，假如有一天你自己当上科长，你们科室任何一个人都可以代表科室直接向上级汇报，那你们科室其实根本就没有存在的必要了！什么"科室""科长"都没必要存在了，那你就单枪匹马作战就好啦！

所以，工作本来就是你分内的事，汇报也是你上级分内的事。当然，领导和领导的格局、胸怀有差别，对下属的提携帮助程度有差别。好的领导，在给你布置任务的时候，会调动资源让你更好地发挥，向领导汇报的时候也会不失时机地提及你的工作付出，乃至对你的辛劳赞赏有加。碰上这样的好领导，就捂上被子偷着乐吧。

2. 误区二：他对下属一点都不上心，眼睛只盯着上边！

"我们领导特别善于搞关系，天天都围着大领导转，嘘寒问暖、鞍前马后的，对我们下面一点也不上心，我看就是一个溜须拍马的大草包！"总觉得领导花在上面的时间精力多，花在下属身上的精力少，这又是一个大头兵对领导的经常性误区。

在一个单位组织内，领导和办事员的角色不同，职责和任务也是不一样的。领导的任务主要是处理好各方面的关系，尤其是同上级的关系，赢得上级的信任，从而为下级工作创造环境，争取资源。办事员更多的是按照领导的安排做好具体工作。石头曾听一个单位的主官说，他认为他自己的任务就是"定方向、带队伍、往上跑"。

有些下属觉得领导很轻松，天天就是在办公室不停地给各方面打电话，这边拜访那边拜访，好像很风光的样子，写稿子、做表、整理档案这种苦活累活都交给他们，似乎很不公平。殊不知，很多时候，"打电话"才是解决问题的关键，至于表多一行少一行，用楷体还是仿宋，反而没那么重要。

今年的工作经费怎么争取，怎么跟领导多要一些支持，几个领导的观点矛盾怎么周旋，怎么跟其他部门沟通，这活儿得罪人该怎么处理比较妥当，下属怠工了怎么办……件件桩桩的事情，都很难。

只有领导从具体事务中解脱出来，把主要精力放在解决矛盾问题，协调各方关系上面，单位才能更好地运转。

3. 误区三：他一点也不实干，尽整些面子功夫和花样！

"我们领导行事浮夸，不干实事，特别喜欢开会，特别看重文字材料，一点点措辞都要来回推敲，还喜欢搞些花样，博人眼球！"老批评领导不干实事，也是部下看领导的一大误区。

先说开会。等让你牵头带着大家做一件事的时候，你才会发现，不开会，思想不能统一啊！不开会，大家都不重视啊！不开会，老张老李都压根不知道该怎么干啊！不开会，老王老马根本就不会往前推啊！不开会，压根就不行，开了会，鸡血一打，事情才总算动起来了。

再说说材料和花样。有些人善于在"花样"和形式上下功夫，给领导标示重要字句，用尺子比着一丝不苟地画；给领导报告带有数据表格的重要材料，要彩色打印，还要找一个塑料封皮装好；领导召唤，要跑步前往，最好脚丫子要啪叽出点响动来。

当大头兵的时候，总觉得所谓工作就是自己手头那点事，扎扎实实做好就行了，何必那么看重汇报材料？何必非要追求什么"花样""亮点"？为什么非要在形式主义和表面功夫里越陷越深？

等你有机会成长到一群人要向你汇报的阶段，你才会发现头绪真多、事情真杂，要操心的实在太多了，真看不过来，只能抓重点看看，重点突出、有新意的东西才能引起注意，否则，真的看都懒得看一眼。材料不巧舌如簧，工作不整出点花样，上面还以为你们什么都没干呢。

我们总希望领导对我们的认识是基于理性的、全面的、深入的，但这是一种美好愿望。现实中，往往领导没功夫、没精力，更没时间，如你希望那样理性全面深入地认识你，了解你的工作，他的判断或许更多来自感性认识，也就是短暂的、浅层次的印象。面子功夫和花样直接作用于感性认识，它管用的道理就在这儿。

更何况，理性认识需要在感性认识的基础上综合、思考、升华，对脑细胞的消耗极大，是一件很累人的事情，比感性认识累多了，指望领导在你一个人身上消耗这么多能量，那可能是你的一厢情愿。

"花样"和"形式"是最符合人性、最贴合大脑思考路径的东西，意义之大，超乎你的想象。

当然，注重形式是对的，陷入形式主义就有问题了，因为随着时间的推移，形式最终还是会实现价值回归，与实质匹配的。

4. 误区四：大领导对我们都那么和善，你看他那个凶样！

"我们直管领导特别没有修养，经常批评我，每次还都很凶，一点也不像大领导，每次在厕所间碰到对我都很和善，一边解手一边谈笑风生，给予我春天般的关怀！怪不得一个能当大领导一个只能当小领导！"老觉得大领导和善，小领导凶残，也是大头兵一个常见思维误区。

其实你想多了，大领导一般都比较严厉，只是他们没有对你表现出来。因为按照科层制"一级对一级负责"的原则，你甚至都还算不上是大领导的"兵"，你的工作也和他没有关系，他们没有必要凶你，即便他们有气，也轮不上你来挨骂。所以不管认不认识你，大领导就只管对着你和蔼地微笑就行。

小领导不行，他是要拿鞭子抽着你干活的，是要和你斗智斗勇的，懂不？

5. 误区五："会哭的孩子有奶吃！"

"会哭的孩子有奶吃！"面对职场愈发内卷的利益环境，在领导那里哭和要成了不少人眼中的良药和法宝。不给我？那我就去哭，就去跳，就去要，看你给不给我！

从某种意义上来讲，积极争取自己的权益，积极表达自己进步的想法，是非常正确且应当应分的。能说就说出来，别让别人去猜，谁也不是谁肚子里的蛔虫，领导更没工夫关心你的喜怒哀乐。"我想要"，你得主动说，"不想要"，也一样。

但有些人跑偏了，把"会哭"理解成了"硬刚"，一件事不合心意，就要打出维护自己权益的大旗，动不动就对自己的上司表达不满，甚至和上司对着干，抱着"我倒要看看谁服软"的心态大闹一场，这是一种极不明智的行为。

石头听顾问团的老部长分析过这件事，觉得醍醐灌顶。

老部长把一个人在单位的权益分成两种。第一种是纯粹属于个人的权益，主要有三项：一是自己的人格权益；二是法定的经济利益，比如工资；三是法定的休息权利。

第二种权益，是提拔、工作调动、岗位安排等与平台相关的权益，这些权益其实并不属于个人，而是依附于组织和领导的，只是和你有一定的关系，组织和领导才是单位资源的掌控者和分配者。

在单位，第一种权益可以毫无保留地争取，而获取第二种权益，一要靠个人努力，二要靠组织和领导信任，这犹如车之两轮，鸟之双翼，缺一不可。因此，你要维护自己的话语权、工作调动权等权益，主要也应从以下两个方面入手。

一是提升自己的价值。使自己真正成为单位的骨干，业务的中坚，工作的权威，领导的左膀右臂，成为领导离不开少不了的人。这样就会提升自己的话语权，领导就会依赖你，重视你，在一定范围内满足你的愿望和要求。

二是同领导建立良好的人际关系，成为领导认可和信任的人。这样一来，当你向领导表达自己的愿望和想法时，他会有更大概率把你的要求放在心上。

所以，硬刚是不能解决问题的，"有话好好说"，领导和组织听进去了，被感动了，你才有可能争取到想要的权益；"有话不说"，别人压根不知道，也懒得去猜；"有话挥舞着拳头说、带着情绪说"，人家也可以不理你，甚至把你扫地出门。

三、见了领导特别紧张怎么办？

忙了一天，晚上石头躺平在最心爱的功能沙发上刷起了抖音。刷到一条小哥在街上搭讪妹子的视频，有点意思，点进去一看，好家伙，原来是个"海王"，号里全是小哥各种在街上搭讪妹子的实录。

小伙资质平平，长得也不帅，仔细数数，发现他搭讪的成功率并不高，搭10个人，成功要到微信号的估计有三两个。但架不住人家敢于尝试，东突西进，最后联系上的美女还真不少。

石头对这种行径不甚认同，之所以写进书里，是发现小伙给每条视频

导，有几件事给您报告一下，第一呢，第二呢，第三呢……这样就显得很有逻辑了。

如果表达能力差，甚至可以打腹稿，如果实在太差，提前写出来几个要点操练一番也行。

3. 准备好应对话术

有些人紧张，主要是怕领导问到自己不会的问题，自己答不上来，像杆子似的杵在那儿就尴尬了。

其实，碰上不会答的问题也不用慌。见领导不是高考，一题不会死不了，领导就是要发现你发现不了的问题，要不怎么显得领导比你水平高呢。

如果领导问的是选择题，可以说，应该是×××，我马上去确认一下。下去后赶紧确认是否说对了，不对及时纠正。如果是论述题，也最好回避"不知道"三个字，直接回答：还是您考虑问题深远又全面，我马上去确认一下，或者我马上去了解一下，之后跟您报告。

建议背诵一些见领导时常用的话术，大脑一片空白时可以脱口而出。比如，您说得特别对；我们按您指示坚决落实好；您确实是高瞻远瞩；您看问题比别人长远深刻得多；这个事我们之前认真研究过；这个事呢，是这样的；等等（见图1-2）。

另外，在研究领导上也可以再下点功夫。去汇报之前看看领导最近的活动，做成的大项目，过去聊的时候不就心里有底了吗？

比如，领导前一阵儿在报纸上发表了一篇文章，心里肯定正得意着呢。那你跟他见面的时候，就可以趁机把这件事拉扯出来：领导，我前几天刚拜读了您在某某日报上的那篇文章，写得高屋建瓴，非常透彻，不愧是大笔杆子！

图 1-2　见了领导特别紧张怎么办

甚至可以准备一些段子，有点像相声里提前埋伏的包袱。这个段子是和领导有关的，比如，领导过去在单位做过一件什么了不起的事儿，大家评价都很好，他自己也特别得意；领导之前获得过什么表彰，取得过什么重大成绩，都可以作为段子储备下来。没话说的时候扯出来，巴拉巴拉对领导一通夸奖。

4. 良性互动

见领导，跟领导汇报，是一个互动的过程。他如果声色俱厉，你难免紧张；他如果和颜悦色笑逐颜开，你也能放松。

怎么才能向着良性发展呢？最关键的是，**汇报中提到领导的次数一定要多。**比如：您上次布置的某某事，我们按照您之前的要求做了，您一直关心的某某事，我们……他听到自己的次数越多，脸上的笑容就越灿烂。

你讲完之后，领导肯定会向你做一些嘱咐，你一定要时不时地点头示意，表明你在认真地听。注意跟领导的交流，眼神要表现得热切一些，他有什么指示，是是是，您说得对，要不停地有反馈，这样跟领导说起来才有意思，领导说了半天你连句话都没有，那领导还有什么兴趣跟你继续交流？

5. 默念箴言

小时候觉得，箴言（slogan）这东西哪能信，像周树人先生一样在课桌上刻个"早"字是非常无聊且无效的一件事。有些大老板，在办公室挂什么"高瞻远瞩""气吞山河"之类的横幅，就更没品位了。

年龄大了才发现，slogan 这种东西并不是完全无用的。人的心智成熟之后，一般还能听得进去劝，听得进道理，而这个 slogan 就是时刻劝说你的道理，slogan 选得好，确实有助于人克服弱点，变得更好。

比如最近看了冯唐几本书，看他到处强调"不着急、不害怕、不要脸"，一琢磨，还真是抓住了很多事情的关键，无论是工作还是人际关系，成事得有点儿这种洒脱的气质。

有些人特别怕领导，不妨把这句话设成手机壁纸，每次要见领导的时候，心里默念它，应该会有些作用。

做到上面几条，我觉得大多数人的紧张情绪会得到很大程度的缓解。如果你还是腿哆嗦，那石头还有釜底抽薪的一招！

紧张最根本的原因还是陌生感，在一起相处久了，见过领导紧张、疲惫、痛苦、无助甚至邋遢的场景多了，你就不会紧张了。

你可以想一想，坐在你面前的威风十足的领导，在更大的领导面前，也会涨红了脸说不出话，也会被打断而默不作声，也会被训得抬不起头，也会一路小跑点头哈腰。

等你跟领导接触多了，你会发现，领导也是个普通人，也有喜怒哀乐，也要吃喝拉撒，这样一来你对未知的恐惧感会降低，心态也会更加平和，也就不会再这么把领导给神化了。

四、在领导面前挣表现的小窍门

在领导面前挣表现，是一个相当敏感的话题。有些人对在领导面前刻意表现，或者制造机会引起领导注意非常地不齿，一味强调"酒香不怕巷子深""要做老黄牛""做好工作组织上自然会看得见"。

从某种意义上说，这也没错。工作是基础，只有做好工作，才能静水流深，行稳致远。但是不能只强调做工作，而不强调适当地展现自己的能力和素质。

为什么说"酒香不怕巷子深"不全面呢？因为领导太忙了。很多你自己开展的工作、做的事情，你以为领导明察秋毫，什么都知道，但其实他根本就不知道。

拿我自己举例。当时我还在秘书部门，天天在领导眼皮子底下晃，我这个部门除了承担领导安排的日常服务，还要写稿子，部门长期以来的传统就是一边联系领导一边写稿子，这样已经有十几年了。

我一直觉得领导们肯定知道单位的稿子全是我们写的，但是，一次有位领导对我说："你们的事每天也不是很多，我出差了你们是不是就没什么事了？"我一听就急了，说怎么可能没事呢，我们还要写稿子，所有学校的稿子和主要领导的稿子都是我们写的，您出差了，我们还是晚上经常加班写稿子，领导听了很诧异："什么？学校的稿子是你们写的？我一直以为是宣传部写的。"我当时差点"吐血"，我这还是在领导面前吹过风的，也经常说，领导仍然记不住，以为稿子不是我们而是宣传部写的。

大家想一想，我们在秘书部门都是这样，你要是处在一个相对边缘一点的部门，那领导肯定对你的工作成绩更加无从知晓了。

领导手机里，可能过个春节或者生日会有上百条短信来不及回。虽然你发短信时忐忑忑，但领导可能根本就没有看。领导真的很忙，对你的印象可能只来自一两件事，而不是来自所谓的长期观察。

古语说"试玉要烧三日满，辨材须待七年期"。这是一种理想，在现实生活中其实是非常难做到的，领导不可能通过很多事来对你进行判断。可能就是通过一次出差、一次开会这样的偶然性接触，对你这个人的判断和印象就出来了。

所以说，领导对你的印象，往往来自一两件小事。而且，印象一旦形成，很难改变。有些人善于抓住这样的机会，一次就把事情做好，让领导满意，赢得领导的信任和欣赏。

1. 每天早到 10 分钟

过去父母那辈会把他们的工作经验告诉你：早点到办公室打水、擦地、擦桌子，但是我们现在其实用不着了，因为现在有物业公司负责办公区保洁，不需要你来擦桌子。那我们为什么还要早到办公室呢？

对此石头有切身体会。有些年份北京天已经很冷了，暖气却还没有来，早上被窝的吸引力更胜以前。闹钟虽然还是那个点，却总不能自持地要在床上赖个 10 分钟。于是，石头连续几天到办公室都比之前迟了些，虽然也是踩着点，并没有迟到，却总感觉状态比以前差了不少。

急火火地刷牙，随便抹一把脸；一路小跑冲向车站，祈祷着公交车马上就出现；路上似乎比早出门时堵了不少，长长的车龙让人心急如焚；没时间吃早餐，只能买一瓶冰冷的营养快线；办公楼的电梯外也排起了队；终于提心吊胆赶到办公室，一看桌上的电话，已经有了领导的未接来电；没时间泡茶，没时间整理日程，甚至没时间撒尿，一天的慌乱不堪在早上就奠定了基调。

这种混乱让石头意识到，早 10 分钟到办公室，原来如此大不同。

早起，你会更从容。

每天的公交车，最挤的就是临近上班时间的那几趟；上班点前后的交通最容易堵得水泄不通；单位的电梯外，也是在到点前的几分钟才大排长队。

假如石头提早一点起床，明显会从容许多。我可以一边听收音机一边认真刷牙，可以在前往公交车站的路上赞美朝阳的美好，可以享受不那么拥挤的公交和道路，可以慢条斯理地享用美味的早餐。到了空无一人的办公室，我可以先泡上一杯热茶，然后从容不迫地开始工作。

用半个小时的早起，换这种从容优雅，换这种一切有条不紊、尽在掌握的心情，这个买卖简直太划算。

早到，你能做好万全准备。

除了姿态上的从容，早一点到单位，你可以用上班前的清净时间处理很多实实在在的事，为接下来的工作奠定一个有秩序的基调。

10分钟肯定写不完一篇稿子，也做不完一个PPT，甚至打不了几个电话，但在早上，足够你干这些事：查看自己的日程表，看看当天有哪些活动；在笔记本上列出当天的待办事项；梳理待会见到领导有哪些问题需要请示汇报；清理办公桌面和电脑桌面，查看和回复邮件；等等。

当别人按时赶到办公室的时候，你已经做好了所有工作准备，那么，当然是你的效率更高，节奏更稳。

早到，你还来得及查漏补缺。

早到曾经挽救过石头的重大失误。那天石头提前了二十多分钟到办公室，照例检查当天的相关日程，发现日程表上之前标记了一个当天上午10点的论坛，领导需要致辞。

石头之前完全忘了，致辞稿都还没有给领导！真是把人惊出一身冷汗，赶紧把稿子从邮箱调出来，修改打印，放到领导桌上。还好，没到上班时间，领导还没到。虽然活动当天上午给稿子已经是晚了，但好在没有铸成大错。

假如石头当天不是提前到了办公室，而是踩着点甚至是迟到，想必就没有时间检查日程，也就没有机会发现这个巨大的疏漏。等领导责问下来，或许石头还是一头雾水，什么？上午 10 点还有活动？这就太被动了。早点到，主动权才能握在自己手里，有差错，或许还来得及弥补。

早到，能给人留下好印象。

早到必然是和一系列褒义词联系在一起的。能早到的人，或许就是领导和同事眼里"特别能吃苦、特别能战斗"的人。当领导和同事屡屡发现早到的你，并发出"来这么早""每天都来这么早"的啧啧赞叹时，相信你在大家心中的形象一定是勤奋、上进、自律、敬业、有活力的正面形象。

每天早到 10 分钟，每天领先一点点，日积月累，蔚为可观。

2. 开着门加班，别不好意思

加班，你得让别人知道，对此一定要有清醒的认识。

石头之前也没有意识到这个问题，加班都是闷着头，门一关在里面写稿子，觉得没有人打扰自己比较清静。

但是后来我发现，另外一位同事小王比我高明。领导经常表扬小王，说他一心扑在工作上，周末老是在单位的走廊里碰见他。

于是我就仔细观察了一下，小王加班的时候有个习惯，总是开着门，还时不时地在走廊里晃几圈。领导一般也爱周末加班，领导加完班准备回家了，路过小王的办公室，咦，怎么还有人周末在这儿呢？进去一看，原来是小王在加班，于是好一顿表扬（见图 1-3）。

其实，小王加班不一定是最多的，但是领导就觉得他特别辛苦，加班特别多，工作特别上进。

其实这算不上什么投机取巧，只不过是实事求是。加班本来就是为单位做贡献，本来就是在付出，有什么不好意思让别人看见的呢？

有些人在这方面姿态更加主动，比如，他们加班时一定要去食堂吃饭，在食堂吃饭时碰到领导、同事打招呼。领导、同事随意问："怎么不回家吃？"他就轻描淡写地说："回不去啊！加班！"

图 1-3　在领导面前挣表现的小窍门

　　加完班他们还会在微信朋友圈发一组照片：一个布满烟蒂的烟灰缸，堆满稿纸的办公桌，或是凌晨街道昏黄的路灯，再配上一行正能量的小字"我奋斗！我快乐！"或者"撸起袖子加油干！"让领导感动到流下热泪。如果你脸皮足够厚，石头觉得这一招也完全可行。

3.带着万能工具包

　　多年前石头看过一本小说，茅盾文学奖得主李佩甫老师写的，叫《城的灯》，其中有一个情节我印象特别深。

　　军队里面有一个参谋，这个人是苦出身，一路向上奋斗。有一次军队首长晚上开会，突然一下灯灭了，停电了，这个参谋是坐在会议室后排的，他站起身，从兜里掏出了一截蜡烛，啪，点着，把蜡烛按在了桌上，然后转身出去。

　　其实不是停电，就是保险丝烧了，他换上保险丝，几分钟之后会议室灯光大亮。

要知道这个会议室从来没有停过电，没有发生过保险丝被烧的事。

你知道这意味着什么吗？意味着这个参谋任这个职位几年来，兜里一直备着一截蜡烛，以前从来没有用到过，今天用上了。

理所当然的，在座的所有首长对他有了好印象，觉得这个小伙子靠谱，应该提拔他、重用他，这个判断在他点上蜡烛的那一瞬间就可以做出。

这个原理我们是可以学习借鉴的。**做办公室工作或者行政工作的，尤其是在外面调研、出差，随身要多准备一些东西，最好带上万能工具包。包里装点什么呢？**

首先是笔和笔记本。随身带了你就能随时掏出一支笔来记，否则领导说个什么事，你还要到处借笔，那就太掉价了。

然后是要带纸巾。这一点女同志可能会注意多一些，男同志不太注意。我建议男同志也要随身带纸巾，纸巾使用的场景是非常多的，有时候弄上了脏东西，或者水洒了，你马上能拿出一张纸巾，立刻就凸显出你的高素质和与众不同了。

再一个是钱。很多人觉得现在是网络时代，不需要带钱，只需要带手机，有支付宝就行了。其实，钱包里多放点现金很有必要，万一和领导一起出去哪个地方不支持电子支付，你可以马上掏出现金来。

还有通讯录。比如出差在外调研，领导突然说要现场问问某个人具体情况，你马上就可以掏出笔记本把电话打过去，或者是领导问你要个电话号码，让你把谁谁谁的电话号码发给他，你马上就能给他发过去。

另外，还有下面这些小心机，都是公众号读者在日常工作中总结出来的。看完之后石头只有四个字：叹为观止。让我们一条条捋。

——领导跟我说过，每次喊我去办公室，都能听见我跑着去的脚步声。

——每次都看领导有没有带卡，主动去开门，听到领导的声音就候着。因为领导不经常带卡。还有就是有时候领导开完会，要看见他拿着本子，问下是否需要帮着拿回办公室。

——每当领导值班的时候，都要晚下班一个小时左右，买点水果送到办公室，领导都会和你聊一会儿。工作上领导叫去办公室，立马拿起笔记本和笔跑去办公室，他说啥都要记下来，即使是很容易记住的事情。

——交给一把手的文字材料，千万不要有错别字，要反复校对，不然材料写得再好也是白搭。

——有经验的司机在雨天停车时，会注意避免领导的下车位置有水坑，防止一踩一脚泥。在夏天很热的时候，司机可以一直随时保持车内空调运行，虽然费油，但是能保证领导上车时温度适宜。大部分秘书会随身带笔纸打火机抽纸。领导烟一在手，打火机立马就过去了。领导刚洗完手，抽纸立马递过去了。领导签完字突然停顿，立马会告诉领导今天是几月几号。

——我的一位老领导曾经和我们聊过如何主动思考的问题，他拿他的司机来举例子。办公室通知司机去送机。司机问领导：您几点走？一般领导都会告诉司机几点走。我们这位领导就不这么说。他告诉司机："开车这个事情上你是最专业的。路况如何，行程长短，你更清楚。以后你只需要告诉我，几点你在楼下接我就可以了。"

——负责下区县调研，自己为联络员，出发地点统一，在出行的时候提前给出行车辆找保安大哥预留了停车位。领导说我很会办事，其实我只是把细节在心中过了一遍。

——才参加工作的时候，开职工会，散会时我顺手带走了手上的一次性茶杯，把椅子放回到桌子底下。若干年后领导还提起了这个细节。

——老板爱干净，随时随处都要用餐巾纸擦桌子、茶杯还有口鼻。我去哪儿都给他带着（是大包不是小包）。听到老板不止一次跟别人说我细心。

——跟领导一起去外地出差，坐飞机，先请示领导是否习惯坐飞机，对座位有什么要求？出发前安排好接送机，全程帮拿行李。领导就座后，主动帮领导要靠枕和毛毯。出差回来直接回单位后，领导说自行回家，过了半个小时，跟领导发微信问是否到家。直到确认领导安全到家，这才是出差工作的结束。

——办公楼走廊东西两头是玻璃窗。每天早上我会去打开窗户，给走廊通风，下班前再去关上。在刮风下雨天气不好的时候，也会提前关好。天天如此习以为常。领导看在眼里，表扬我工作细致严谨，特别靠谱。

——我经常给领导送通知、文件，有时来的通知要求一周或者是几天之后落实上报材料，每次上报材料的时候，我都找出当时来的通知附在后面。不管领导看不看，可以给领导提个醒，时间久了，在别人看来有点烦琐，不过领导倒是挺认同，印象挺好。

五、回答领导问话，怎么才能得满分？

身为大头兵，主动跟领导说点儿什么，汇报点儿什么的机会和场景并不多。更多的时候大家跟领导交流的场景是被动应付，比如在食堂、电梯里，领导看见下属，为了表达自上而下的关心，随心所欲地问上那么一句，这个时候你该怎么回答？石头帮你整理了几个常见场景的标准答案，依葫芦画瓢，这波交流基本打满分，哈哈哈哈。

1. 领导对你说"辛苦了"，如何回答？

你辛辛苦苦办完事情、上交材料、加班加点，领导收到你交付的成果，亲切地对你说"辛苦了"。

如果你满脸通红，回答"不辛苦不辛苦"，这只能说是少先队员水平，扶老奶奶过马路，面对老师表扬，异口同声回答，"不辛苦，这是我们应该做的"。

领导心里会想，行啊，你自己说不辛苦，那我也没什么好客气的，你应该做的嘛，我还念你的好干吗？！这个回答就不及格。

怎么回答好？至少要包括这么几层意思。

第一层是感谢，领导都关切地询问了，你还不感激涕零？"感谢领导关心！"这是必须要说的。

第二层是客观描述自己的工作量。咱不怕加班，但功利点说，班也不能白加。所以，你要顺着领导的话说："这两天任务确实不少，能力不够，态度来凑，昨天我们加班到凌晨2点多。"

第三层是表明继续努力的态度。辛苦是辛苦，跟着您干我们斗志昂扬，开心得不得了呀！"其实您统管全局，更辛苦。有领导这句话就值了，以后我们大家继续努力。"

所以，总结一下，领导对你说"辛苦了"，满分回答应该是："感谢领导关心！这两天任务确实不少，能力不够，态度来凑，昨天我们加班到凌晨2点多。其实您统管全局，更辛苦。有领导这句话就值了，以后我们大家继续努力。"

2. 领导对你说"最近工作怎么样"，如何回答？

"最近工作怎么样"，也是领导寒暄时特别爱问起的一个问题。在电梯里、食堂里，为了表达对部下的关心，缓解无话可说的尴尬，领导只能拿工作说事。

怎么回答好？至少要包括这么几层意思。

第一层是感谢，领导都关切地询问了，你还不感激涕零？"感谢领导关心！"这是必须要说的。

第二层是好字当先。工作怎么样，当然很好，在领导的正确领导下，不可能不好。"工作挺好的。"这也是必须要说的。

第三层意思，具体说说怎么个好法。比如前一段做了什么、近期做了什么，突出一下同事是怎么团结互助的，自己是怎么劲头十足、努力拼搏的。比如，"我最近在具体负责×××等几件事，临近收尾阶段，确实挺忙。不过，我在工作过程中收获了很多，特别是 ×× 等领导、同事，给我做了很好的表率，从他们身上学到了很多。"

还没完，工作难道不需要领导把关掌舵吗？所以回答还得有第四层意思："还请领导多指点我们。"

所以，总结一下，领导问你"最近工作怎么样？"，满分回答应该是："感谢领导关心！工作挺好的！前一段时间，主要是在 ×××，大家都特别拼。最近，正在开展某活动，已完成百分之多少，大概 ×× 时完成。还请领导多关心指点啊。"

3. 领导对你说"不好意思"，如何回答？

领导还会对下属说"不好意思"？这个场景虽然听上去惊悚，其实是经常发生的。

比如，本来领导已经答应你年底给个优秀，但由于平衡各方面利益之类的原因，又食言了，把你给拿了下来，他必须得安抚你啊，于是诚恳地对你说："不好意思。"

假如你傻到真的以为领导对不起你，大大咧咧地原谅领导说"没事""没关系"，然后转身离开，恐怕领导会觉得你仍然有小情绪。

怎么回答好？至少要包括这么几层意思。

第一层意思，依然是感谢，领导都对你不好意思了，说明他还念着你，你还不感激涕零？"感谢领导给我说这些！"这是必须要说的。

第二层意思，要尝试站在领导的位置去理解他的决策，表达对其决策的高度认可。这样才能让领导感到你理解支持他，无条件地服从他，从而打消内心的疑虑。"您是从单位全局考虑的，我知道您也一直在协调，我完全理解。"

第三层意思，可以如实表达自己内心的些许遗憾失落。之所以领导说不好意思，说明领导心里其实也是有顾虑的，他是想推心置腹地跟你谈谈，听听你内心真实的想法，打消彼此的误会。

既然是谈心，就要实事求是，你可以说："这次没能评上优秀，确实有点遗憾。"这样显得真实和不设防。

第四层意思，这次没评上优秀，内心不好受也好，平淡也罢，在表达自己的感受之后，一切都要回归工作本身，不抛弃不放弃，继续积极进取。

比如："可能是我的个人能力还有不足，后面我一定调整好心态，继续努力，不辜负您的信任。"这样换位思考之后，说出了领导想让你说的话，也说出了领导想听的话，有利于彼此沟通，更有利于工作开展，也就不至于造成工作被动了。

所以，总结一下，领导对你说"不好意思"，满分回答应该是："感谢领导给我说这些，您是从单位全局考虑的，我知道您也一直在协调，我完全理解。这次没能评上优秀，确实有点遗憾。可能是我的个人能力还有不足，后面我一定调整好心态，继续努力，不辜负您的信任。"

4. 领导对你说"干得不错"，如何回答?

曾经有位读者问石头，一天局长看见他，当着副局长、处长和其他几位同事的面，表扬他说："小张，上次文章写得不错，我看了，有见解、有事例、有方法，值得大家学习。"听完大领导的表扬，他一时不知道该怎么办，只会红着脸摆手。

当你做出了成绩，领导当众表扬，怎么回答还能继续加分?

对这种情况，像上面那些套话不是关键，先记住两个字："转移"。

领导已经认可你的工作了，你再狗尾续貂，把自己狠狠夸赞一番，说自己多么多么牛，不但毫无必要，反而可能引起反作用，毕竟一个"总是发光"的人很招人烦，说不定还有人嫉妒你。

这时候最好的回答，是借着领导的表扬，让在场的人雨露均沾，强调你的一点点小成绩也是在领导的直接指示下，在同志们的关心和帮助下取得的，军功章上有我的一份，更有大家的一份。

比如，可以转移到领导身上，"都是您教育指导得好""这都是您的思想，我只是打打字落实而已"。

可以转移到分管领导身上，"×局×处带着我写的，提纲都是他们拟定的，手把手教我们，最后又帮着把关修改"。

可以转移到同事身上，"我们处的××也帮我提了很多意见，对我启发很大"。

借着领导表扬的机会，你来个"四两拨千斤"，从一个人闪光到大家都闪光，在场的人都念你的好，这才是能打满分的回应呀！

5. 领导对你说"忙不忙"，如何回答？

领导问你忙不忙，可能有多重含义。较大的概率，是想给你布置额外的工作，比如，周末突然来个短信：石头，忙不忙？那肯定是有稿子要周末加班没跑了。也有可能，就是一般性的寒暄，意思等同于"最近工作怎么样"。

有些人比较实在，生怕说自己忙领导就不敢使唤自己了，于是忙不迭地回答："不忙不忙！"有些人比较鸡贼，生怕说自己不忙领导又要给自己压担子，于是忙不迭地回答："太忙了，手头的活儿压根都干不完！"

这两种回答都不够好。

你可以不忙，但不要让别人知道你不忙，忙应当是永远的主旋律。对打工人来说，不忙是一种罪过，你凭什么不忙？你有什么资格不忙？你不忙，那就意味着你不够投入，不认真。

只强调自己很忙，也容易让领导误会，"怎么，你小子一直说自己有多忙，是在暗示我把工作交代给别人吗？"

最好的回答是同时表达两个层面的意思：第一，最近确实很忙，忙得脚不沾地、焦头烂额；第二，再忙，也要愉快地接受领导布置的工作，坚决完成好。

所以，总结一下，领导问你"忙不忙"，满分回答应该是："哎呀领导，最近赶上××专项工作，真是忙得不可开交，好几个晚上都熬到半夜。但再忙，您布置的工作对我们都是头等大事，必须排在前面。您有什么指示尽管吩咐！"

6. 领导在会上问"对吗"，如何回答？

有一次，部门领导去大领导那儿开会，研究专项工作。结束后材料忘在了会议室，工作人员通知我去取回来。拿到材料我震惊了，部门领导把所有近期跟该项工作有关的材料，全部打了出来带在手边，有一本现代汉语词典那么厚。我翻了翻，大部分其实跟会议主题无直接关系。我猜，这都是他怕大领导问到而准备的材料。在单位开会，尤其是参加大领导主持的会，就得像参加考试一样准备啊！

话又说回来，假如领导会上说到某件事，你恰好是这件事的负责人；兴之所至，领导提了一道判断题："小石，我刚说的关于 ×× 的条件对吗？"虽然你已经准备了很多材料，但这件事恰巧你也是一头雾水，压根不知道东西南北，该怎么回答？

私下场合，你当然可以按石头之前说的实事求是地回答，"领导，我马上去确认一下。"然后赶紧出去把事情搞清楚。

但假如是大家一起开会，或是有别人在场，你不妨就回答"是的，对"，肯定地回答就行。

下去后赶紧确认，如果领导当时的观点是错误的，私下再把正确的观点汇报给领导。

为啥呢？领导当着众人的面问"对吗？"其实未必是真的想知道对错，而只是在寻求支持或佐证。会场上面对众人，领导本身就有掌控局面的压力，对否定和质疑会格外敏感。

还不如不管对错，先肯定了，搪塞过去，下来核实后再汇报正确的。

如果领导问的是开放式问题，没有标准答案，比如，"小石，上次某某单位的事，进展怎么样了？顺利吧？"

坏了，我压根没关注过这件事啊，无法简单用"对"或"不对"搪塞，这时，也别过于实在地说"抱歉，我还真不知道"，可以说些大而正确的囫囵话："我们正在推进，我们也觉得这个事很重要，前几天刚研究过一次。"

接着赶紧亡羊补牢一句："我马上出去进一步了解一下，给您详细报告。"然后马上下去打电话问。这样大概可以平稳过关。

7. 领导微信上发学习文章，怎么回答？

有人在公众号后台问石头：

我在单位办公室工作，经常写材料。单位副职领导分管办公室，隔三差五会通过微信给我推送一些政策理论类或行业形势类的网页消息，有时候一次推好几条。因为收到此类消息的时间不固定，有时手里有其他事，有时不在工作日，而且也做不到每次都非常深入地学习推送内容。我每次多以"收到，学习"简单回复。那么，收到此类消息是否需要及时回复？是否每次必回？是简要回复"收到，学习"之类，还是需要在学习后结合工作有针对性地谈点想法进行回复？怎样回复比较恰当？

首先要肯定，时不时给你发学习文章的领导一般是好领导，比较关心下属的成长进步。他给你发文章，不是闲得没事，也不是满足自己的某种欲望，他肯定还是希望你长进，你得好好珍惜。

所以，无论是从上下级交往的礼仪看，还是从个人的感情看，这类微信，石头建议，每条必回，而且每条必须认真回！

最基本的回复，可以是"收到，谢谢领导指点！认真学习！"。如果文章比较深刻有趣，也可以谈谈学习体会："之前一直困惑×××，您分享的这篇文章对我启发很大。"如果你还有话说，对文章认认真真分析个几句也未尝不可。

甚至，如果你能摸到门道，总结出领导喜欢看哪方面的文章，也可以反过来时不时跟他分享："领导，刚看到的这篇文章很有意思，讲了×××，供您参阅。"

绝对不要把这种互发文章相互学习理解成一种负担，反而应该算是一种工作之外的私人交往，借这个机会建立和领导的感情和默契，还能成长进步，有什么不好呢？

六、对领导部署的极致回复是啥样的？

关于微信礼仪，石头以前写过连篇累牍的文章，本以为每个角落都扫到了，不可能再有什么问题。但事实证明，我还是太年轻，只要日子一天天过，新的问题就在涌现。

昨天，有位女读者在微信上跟石头抱怨说：

领导通过微信给她布置了一个材料任务，让她抓紧写，她看后给领导回了一个"ok"的手势。第二天到单位，被一顿狠批，说她漫不经心，态度不端正。

她好委屈："ok"的手势不就是表示要去办吗？！

石头想先表示一下对这位女士的同情，很明显，她的领导是一个非常挑剔，甚至用"龟毛"来形容也不为过的领导。

层层加码这种事，往往就是这种领导办出来的。

问题是，你没有选择领导的自由，所以假如你因为肉吃多了被命运谴责，摊上这样的领导，怎么做才对呢？

只回复一个"好的"或者"ok"，虽然也能表明已阅已知，但是对不起，这会给领导一种你特别忙（或很敷衍），都没有时间（或不屑于）多打几个字的感觉。

今天我们来探讨一下，领导给你微信留言布置工作之后，一个完整到极致，甚至有点用力过猛的回复应该是什么样子的。

石头觉得，你的回复可以表达五层意思。

第一层意思，表明知晓的状态。

可以说：好的，收到，明白了，等等。这个比较简单，平淡无奇，我就不多说了。

第二层意思，表达愉快接受的感情和态度。

事情要干，而且要满心欢喜地干，决不能半推半就，这就需要表达愉快接受的感情和态度。

怎么做？可以用语气助词来表明态度，比如，可以把"好的"换成"好嘞""好哒"。

也可以加上感叹号：好嘞！好哒！是不是欢欣鼓舞的感觉就呼之欲出了？

标点符号是有态度的，语气也是有态度的，不加标点，不加语气，就感觉特别淡然，无所谓，加了标点和语气词，感情马上就扑面而来。

第三层意思，传递马上落实的行动力。

马上就办是一种责任和担当，凸显着强烈的责任感和使命感，所以，这层意思也很重要，比如：我马上落实；我马上安排；我马上动手写；我马上联系。

领导收到你回信的时候，可以强烈感觉到加班的灯已经亮起来了，提神的浓茶已经泡起来了，舒服。

第四层意思，说明具体落实举措。

也就是简要说明，你将要怎么去完成这个任务，把计划步骤写上去，这样落实的任务书和路线图就更明确了。

比如让你写个材料，你可以说：后面我马上找相关部门了解情况，搜集素材！

让你问个事儿，你可以说：我马上跟某某局老刘联系，跟他确认时间。

第五层意思，预估完成期限。

马上去办，老办不好也不行，不说个大概时间，领导心里不托底。

所以，在可能的情况下，要跟领导表达什么时候能完成任务，什么时候向他交差，让他放心。

比如，他让你写个材料，你的回复可以在后面补一句：我下周一一上班就交给您。

让你联系个活动，你可以说：我下班前争取向您报告。

以上五个要素组合起来，就是一个用力很猛、直捣心窝的极致回复了，复习如下：

（1）表明知晓：好的。

（2）愉快接受：好嘞！！

（3）马上就办：我马上动手写。

（4）具体举措：我先找部门要点材料研究一下，拿个框架出来。

（5）完成时限：我争取 ×× 时间前拿出来，请领导放心。

汇总起来就是这样的：

"好嘞！我马上动手写。待会儿先找部门要点材料研究一下，拿个框架出来。争取 ×× 时间前拿出来，请领导放心。"

当然，我前面也说了，如果一条回复同时包含五层意思就有些用力过猛了，并不是每一条信息、每一个任务和指示都需要回复得这么完整。

石头只是告诉大家，完整的步骤和动作是什么样的，根据领导的性格、事情的大小，还有与领导关系的亲疏远近，跳过一个两个三个四个也都没有太大问题。

如果真是特别小的事，也别把领导骚扰太狠了。如果领导是你大舅，就算你回个"嗯"，也挺有亲情和温暖的。

七、给领导送文件，学问太大了！

群里有个妹子又被领导骂哭了，事情很简单，就是因为送文件。

她拿着一个要上报的统计表去找领导签字。以往像这种统计表，领导通常看都不看就签字，这次不一样。

领导拿起文件翻着翻着，气氛便有点不太对劲。

"以前也没让联合行文，怎么现在也需要我们签字了？"

"领导，是上级文件要求的，可能是从今年开始的。"

"什么文件，我也没看到啊！"

"一个月前下发的文件，看领导您工作太忙就没打扰您！"

领导显然有点不悦，问道："报表的附件呢？"

本以为领导不会看到附件，所以列有密密麻麻数字的报表直接没放进去，没想到领导还要看这份没什么技术含量的报表，妹子一时傻了眼。

"领导，因为上级催得急，报表我们已经上报了！"

只听"啪"的一声，呈签的文件夹被重重地摔在桌子上。

"又没有前期的文件，又没看到报表，在你眼里我就是个签字的？"领导双眼一瞪，发起飙来。妹子一时语塞，喏喏地离开，回到办公室越想越委屈，哭了一场。晚上又到群里来跟石头和大家吐槽。

呈批文件看上去是一件小事儿，但其实里边的学问很大。在大机关，对于呈批文件这项工作，各级都非常重视，往往都是科长或处长亲自呈批，为什么呢？就怕年轻人说不清楚，把事情搞砸了。

尤其对个人来讲，呈批文件还影响领导对你工作能力、个人素质的看法。

石头特别佩服一位同事，他对每次呈批文件的重视程度绝对不亚于一次相亲，甚至一次考试。

做到什么程度？每次送文件前都要嚼口香糖，喷口气清新剂，然后才拿着文件进领导屋里汇报。

像群里那位妹子，不做准备，不打腹稿，就拉着领导签字，把领导当成签字工具，把送文件的过程当作一次签字的过程，这样出纰漏的概率大极了。

给领导送文件，或者汇报工作，忐忑地敲开他的门前，我建议你把下面的工作做扎实了（见图1-4）。

1. 把文件吃透

至少你得从前到后认真看一遍文件吧，弄清楚发文单位是哪里，主要内容是什么，要求是什么，涉及本单位的任务有哪些，知晓范围是哪些。

图1-4 给领导送文件，学问太大了

有些不清楚的地方，还得先打电话问清楚。举个简单的例子，你接到一个会议通知，通知上只说要开会，但你不能只告诉领导说要开会啊！

你不得问问，要不要发言，要不要穿正装，有没有其他什么要求。不然，你一问三不知，不被骂才怪。

特别要注意上级领导有批示的文件。有时候，上级领导是"书法家"，字写得龙飞凤舞难以辨认，一定要把批示内容提前确认清楚，这样领导扶着老花镜艰难辨认批示的时候可以风清云淡地告诉他，转批落实的效率才高。

另外，翻一翻文件形式上有没有错漏，最关键的是别缺页，还有页码编号是否连续，字体是否一致，有无空白页，有无打印不清晰页等。

别因为中间少一页，被领导揪住小辫子骂一通。

2. 要注意形象

不说让你每次都像那位讲究的兄弟一样，喷口气清新剂，嚼口香糖，你至少中午别吃韭菜馅饺子和大蒜吧。

你想想，领导一边皱着眉头听你汇报，一边屏住呼吸如坐针毡，那滋味多难受啊。

个人仪容仪表方面，着装、胡须、头发等按要求整理好，头皮屑别整得漫天飞舞，这种细节还是很影响领导对一个人的看法和认识的。

3. 要有点儿眼色

敲门前，听一听领导办公室的动静，一个是确认有没有人在和领导交谈，一个是确认领导是否在打电话。如果有以上情况，就不要敲门了，等一等再说。

如果领导房间开着门，里面有人，也可以在办公室门口"晃悠"一下，尽量让领导看到你。如果领导示意你过去，那就赶紧把文件送过去。

如果文件非常急，即使领导房间里有动静，敲门经领导同意后再送文件也未尝不可。如果文件不急，暂时把送文件的事情放一放吧。

4. 注意细节

比如，手机要及时设置为静音或振动。不然，领导正看着文件呢，你的手机铃声突然响起，有的领导难免会认为你不尊重他，不注意细节，会对你产生不好的印象。

还有，要准备好本子和笔。有时候，领导会有工作要求和指示。准备本子和笔的好处是，可以及时把这些记录下来，以便后续抓落实，这也是对领导的一种尊重。

再一个，笔最好能准备两根，并且提前试写保证好用。如果领导手头没有笔或者笔写不了了，你可以把笔递给他。

给领导送文件时，不要有以下这些不好的习惯：看手机，回复微信；掏出手机看时间；东张西望；等等。不然领导会有想法：呈批文件也就几分钟时间，你心不在焉，丝毫不尊重我。

还有一件特别重要的事，你要搞清楚今天是几月几号。签批文件肯定要写上日期，但很多人尤其是领导可能一时想不起来今天是几月几号。

这个时候，你需要察言观色，发现笔头停顿下来了，及时提醒领导："领导，今天是 11 月 11 日。"

八、给领导发祝福短信有哪些讲究？

逢年过节，想加深与领导、同事的感情联络，发祝福短信是最简单易行的方式。

有些人觉得发短信微信效果一般，一则效力似乎不高，比不上登门拜访让人印象深刻；二则逢年过节收到的短信微信一般多如牛毛，领导能否留意到自己发的那条，真不好说。

当下，登门拜访的行为，无论对领导还是自己，都是相当有风险的，容易让大家有心理压力，不如逢年过节发个微信短信更为稳妥，虽然肯定不能一发定乾坤，但是只要持续努力，久久为功，印象和感觉也能逐渐渗透到别人心里去，有利于上下级关系维护。

1. 抓主要矛盾

有些人习惯给通讯录上的所有人发祝福，这样其实事倍功半，效率不高。

如果发的是连名字都不带的"无差别打击"短信，收到的人毫无感觉，甚至会认为你不尊重他，不重视他，那就是得不偿失，还不如不发。

如果是逐条发的带称呼、带具体感情的"个性化定制"短信，好固然是好，但工作量太大，通讯录好几千人，怎么发得过来？

这个时候就要学会抓主要矛盾。其实，通讯录里那么些人，如果仔细捋一下，平时打交道多的，跟你关系亲密的，对你发展有直接影响的，也就那么十几二十个，比如，你的分管领导，单位的大领导，合作多的同事。对他们，一定要一个字一个字地写带着真情实感的短信，认认真真发过去，对其他人，则可以在朋友圈发个祝福状态，效果是一样的。

2. 感谢越具体越好

祝福短信有具体的套路，一般来是"专门称呼＋具体感谢＋实际祝福＋工作表态＋恭敬署名"。

称呼就不多说了，一定要有针对性，把名字和职务点出来，"尊敬的刘局长""敬爱的李处"，充分表明"这条短信我就是专门为你写的"，尊重的态度就有了。

在"感谢"这一部分，越具体越好，最好能举举例子，列举一些在你们交往中让你难以忘怀的瞬间，对方帮助你、指点你的具体行动，对你有启发的一言一行，这样的短信才让人印象深刻，也更能激发你们之间的美好情愫。

比如，你在领导的指导下投身抗击疫情的战斗，一起在小区门口蹲守，一起为进出小区的居民测量体温，度过了好多个不眠之夜，这个就很适合在短信里拿来回忆。

3. 祝福越实际越好

祝福的部分怎么写？节日愉快、合家欢乐、身体健康、事业进步都是常规操作，这些喜庆话当然得有，否则不足以凸显节日氛围。但如果只是这种大而化之的喜庆话，又差了点儿意思。

祝福语可以再往实际上贴一贴靠一靠，比如单位马上要换届调整，可以祝对方"事业进步、大展宏图、步步高升"，如果他已经进步了，也可以祝他"在新的岗位上再展佳绩"，如果他身体略有小恙，可以祝他"身体倍棒、吃嘛嘛香"等。

有些读者给石头发祝福短信，祝石头的公众号越办越好，天天涨粉，这我就很爱听。

如果你的祝福对象是领导，那尽量不要用"财源广进""恭喜发财"之类的词语，毕竟体制内对金钱还是比较敏感的。

此外，还应该在祝福之后恳请领导多指示多批评多指导，继续关心关注，多给自己压担子，自己一定会认真工作、竭诚服务，表明服从领导、努力奋斗的积极态度。

4. 署名要恭敬

石头在《秘书工作手记：办公室老江湖的职场心法》里强调过发短信一定要署名的问题，估计再犯不署名错误的人不会太多了。

发祝福短信，一般性的署名感情色彩还不够强烈，最好加上"某某敬祝""某某恭祝"这样的敬辞，如此节日色彩愈发浓厚。

5. 时间要赶趟

一般来说，祝福短信最好是在节日当天上午发，尽量避开密集轰炸的大军，不能过早也不能过晚。早了，没什么氛围，晚了，节都过了，祝福的必要性和意义大大衰减。

有些人喜欢赶着零点发短信，石头觉得不好。你对领导的精力和作息很有信心啊，能熬到那个点儿的领导身体得有多棒？领导们日夜操劳，这个点儿可能是领导熟睡的时间，还可能是领导手机接收各种信息"密集轰炸"的时间，还是不打扰为好。

6. 对回复不要有执念

发出祝福短信后，有些人心理十分脆弱，抱着手机就不撒手了，眼睛死盯着屏幕。如果领导回了短信，他欣喜若狂，甚至产生了自己已经被领导视作"自己人"的错觉；如果领导始终没回复，他又如堕冰窟，觉得领导是不是没看见，甚至怀疑领导是不是平时对他有意见，故意不搭理自己。

其实，祝福短信，发了就是最大的效果，发出去，我们的目的就达到了，你就不用再操心纠结牵挂了，最好有一种"天要下雨、娘要嫁人，随他去吧"的淡定心态。

领导回复当然好，是极大鼓舞、莫大鞭策，但其实也不能让你的职业境遇有多大变化；领导不回复，原因也是多种多样的，最大的可能是根本回不过来，而绝非故意不回，也完全不用自怨自艾。

附：原创祝福短信的示例

××，给您拜年了！我要表达一下衷心的感谢。今年您带我吃的那顿火锅很暖心。您毫无保留的经验分享，帮我理清了全年的思路。新年又到，我祝您开春大吉、家庭幸福！××

时光如水，人如高山。加入××大家庭已经有两年了，在您的带领和指导下，我的业务能力有巨大提升，各方面都有长足进步。衷心地感谢您在工作中给予我机会与帮助，在生活上给予我关怀与照顾，能在毕业后的第一份工作中遇到您这样的领导，我深感庆幸、满怀感恩。××

××局，新年好。岁末年初又想起了去年此时，您带领我们一起下沉社区，顶风冒雪坚守在疫情防控一线，这段经历也让我深受教育、收获很多。新的一年，请您多多提要求、多多压担子，我当竭心尽力、不负重托。祝您身体健康、心想事成。××

××领导您好！×年来，我不仅提升了业务技能，更亲身感受了您对工作的敬业负责、认真执着，对新人的严格要求、悉心关爱。能在人生

新的转折点遇到您这样的领导，我深感庆幸、满怀感恩。借此新春佳节，向您致以真诚感谢！祝春节愉快、万事顺遂！××

××领导好，办公室小李给您拜年了！过去的一年，在您的关心指导下，我有了显著的提升。感谢您在忙碌的工作间隙指点我改稿写文，感恩您在我迷茫不知所措的时候为我指明方向，感激您像长辈一样耐心教给我为人处世的方法……嘴笨又内向的我很少向您表达我的谢意，在这个特别的日子真诚地向您说一声：谢谢您！祝愿您在新的一年身体健康，工作顺利，天天开心。××

尊敬的××领导，过去的一年，全体干部职工在您的带领下不忘初心、躬身前行，展现出不畏困难、迎难而上的干劲，为保障××作出应有贡献，推动了（××、××和××）工作取得新成绩、焕发出新的生机与活力。感谢您在××工作中给予我批评和指导，在××工作中给予我支持和关怀，让我增强面对困难的勇气、学会遮蔽锋芒的睿智。在新的一年，恳请您多作指导、多加担子，我当竭尽全力，履责于行。在此祝愿您身体健康、阖家幸福、牛运亨通！××

××，您是去年一年对我影响最大的人。这一年我之所以能成长这么快，正是通过不断向您模仿和学习完善的，榜样的力量是无穷的，您的气度将是我此后长期学习的重点。感谢您平时的信任和支持，过年放假好好休息，愿您新年快乐！××

××科长：过年好，牛年来临之际，××给您拜年了！2020年是您带领风险管理团队快速成长的一年，收获了您给予的专业指导，完备的风险排查手段以及合理的奖惩机制，使我在工作中抓牢风险防控的"风向标"，筑牢违规行为的"防火墙"，我一直感恩在心，牛年来临之际，祝您和家人健康顺利鸿运满，万事如意合家欢！××

李局长：新年快乐！新的一年，祝您合家欢乐，万事如意！感谢您提供了一个平台，让我有机会展示自己的能力，同时感谢您过去一年对我的耐心栽培，来年我一定更加努力，不断进步！××

××新年好！岁末年初，又想起了去年此时，您始终坚守在疫情防控一线调度指挥。这段经历让我深受教育、收获很多。过去的一年，您是对我影响和帮助最大的人，我深感庆幸、满怀感恩！这一年我之所以能成长这么快，正是通过不断向您学习和模仿，并将您的言传身教运用于实践工作。来××工作近×个月时间，重点完成了××××××工作。感谢您像长辈一样耐心教我为人处世的方法。期望新的一年，能得到您更多的关心和指点，恳请您多作指导、多加担子，我当竭尽全力、履责于行。值此新春佳节，祝您身体健康、心想事成、合家欢乐、牛运亨通！

师傅新年好！从××到××到××再回到××，这×年来，我不仅提升了综合素质，更亲身感受到了您对工作的敬业负责、认真执着，对我的严格要求、悉心关爱。一直以来，您的管理风格、做人做事艺术深深感染我，教育我。能在人生旅途中遇到您这样的领导、兄长，我深感庆幸、满怀感恩。感谢您像大哥一样耐心教我为人处世以及正确处理政商关系的方法。感谢您对我的信任与关爱。期望新的一年，能得到您更多的关心和指教！借此新春佳节，向您致以真诚感谢！祝春节愉快、万事顺遂、步步高升！

九、怎么跟领导走得近？

与领导相处的热度，决定了你的职场高度。初听这句话，或许会让很多人感到绝望，特别是像石头这样比较内向的人，宁愿在家里抠抠脚、发发呆，不太愿意经常去敲领导的门，汇报一下思想，谈笑风生一番。长此以往，吃亏是肯定的。

怎么把握与领导交往的尺度，既要有亲近感，又不至于让自己过于焦虑呢？办公室顾问团的王主任教了石头一个办法，石头觉得特别受用。什么办法呢？其实就是一句话：**有好事的时候，要把领导当普通人看。**

这句话的意思是，领导身上有好事发生时，你可以把你们之间的级别差距、身份差距先放到一边，去换位思考——如果是我，作为一个普通人，碰到这个事情希望别人怎么做呢？然后来决定自己应该怎么和领导沟通，这样非常有助于走近领导。

光说定律还是有些枯燥，我们继续举例子。如果你记着"有好事的时候，要把领导当普通人看"，以下这些平日里的疑难问题就迎刃而解了。

1. 送祝福任何时候都是适宜的

逢年过节、取得成绩、发展进步，要不要给领导送祝福？这是不少性格内向者特别纠结的一个问题。

自己好像跟领导差着不少级别，况且人家也不一定认识你，祝福送出去是不是领导也记不住？纠结来纠结去，抱着手机抚摸许久，最后还是刷起了抖音。

但如果这个时候你抛开对领导身份的认知，想想自己，如果是你自己高升或者取得好成绩，希不希望别人祝福你呢？当然希望。谁收到祝福短信会不开心呢？不论职位、级别差几级，管他认不认识，祝福越多越好啊，越多我越开心啊！

所以即使你是普通办事员，领导高升了、得奖了、评优了、发表文章了、取得成绩了、孩子上大学了、过年过节了，发个短信祝贺祝福一下，一点儿都不唐突；即使领导没有回复你，也千万不要有任何心理负担。石头敢百分百跟你保证，收到祝福的他，是欣喜的、开心的。

2. 及时反馈响动

想象一下你在某个会议上发言，最害怕或者感觉最尴尬的是什么？绝对是你讲完之后，仿佛石沉大海，整个会场鸦雀无声，大家呆若木鸡，这会让你对自己的发言产生深刻怀疑。

想象你在某个群里说话，最害怕或者感觉最尴尬的是什么？绝对是你发了一大段热情洋溢的话，又是表情包又是炸弹，结果没有一个人回复，大家似乎视而不见，这会让你对自己的存在产生深刻怀疑。

将心比心，当领导在群里说了话，或者做了精彩报告，或者有了新讲话、新做法、新措施、新改革的时候，要及时送上你的反馈，让领导觉得有回应，有"响动"。

石头曾听领导表扬一位办公室同志写材料很用心，进步很快，他举的例子是："我到咱们 ×× 单位工作后，讲了几次话，都是关于如何做好文字工作的，×× 同志把听后感发给我，不是几句话，都是大几百字，既有对讲话本身的分析和点评，也有对文字工作规律的感悟和见解。我想，这样的同志不会不进步，因为他用心。"

顾问团里的王主任也给石头讲过，她刚当上党办主任，新领导第一次讲完党课后，她就收拾会议室离开了。结果在办公室，这个领导问她："王主任，你不给点评一下？"她才意识到，对哦，领导做很多事，也不是全都运筹帷幄决胜千里的，也想看到大家的回应，赶紧认认真真、有理有据地给了反馈。

之后领导再有什么讲话讲课，她都记得及时当面反馈，或者发个微信，谈谈自己的体会看法，比如："领导，您上午给我们作的业务讲座确实好，受益匪浅。"这让领导特别受用。

3. 经常性关心

对你同屋的美女同事小马，每次她换了新发型，穿了新裙子，或是胖了瘦了，你肯定都胆子很肥地及时关心甚至调侃几句："最近皮肤又白了！""新发型不错啊，特别显脸小！"

但换到领导身上，他胖了瘦了美了发型换了，你可能就不敢造次了。

王主任告诉石头，其实，只要是真诚的关心，你完全可以大大方方地跟领导沟通，领导都会很开心，有人惦记着、关心着，总归是一件愉快的事。

她那时候还是单位一个小科员，有段时间领导一直在外出差，忽然有一天她在饭堂看到了他，她一脸惊喜地打了个招呼："领导，您回来了，感觉最近好久都没看到您了呢。"领导哈哈大笑说："确实，最近会太多了。"后来领导跟别人提起最近特别忙的时候，还专门提到"我们办公室小王看到我都说好久没在单位看到我了"。

还有，领导如果碰上什么困难，更要及时关心。比如，领导老家发洪水了，受灾了，要赶紧送上慰问，问问对他的家人有没有影响，有没有自己能帮上忙的地方。雪中送炭会让人倍感温暖。

十、领导说这些话，你要警惕了！

石头在《秘书工作手记：办公室老江湖的职场心法》中提出过一个观点，"想"与"说"一定是有落差的，领导想表达的意思是 A，但表达出来可能是 A-，你根据你的世界观和知识结构来理解，可能理解成 A--，也可能理解成 A++ 或 B。所以指示不一定等于意图，领导的意图需要我们去发散、去领悟。

有的读者表示这件事太难了，特别是碰上过分含蓄的领导，明明已经很不满了，脸上却依旧满面春风，理解他的指示，成了一件特别"烧脑"的事情，上班总是在和领导斗智斗勇，很痛苦。这些石头都懂。为了减轻大家在理解领导常见指示时的烧脑程度，今天石头就尝试着给一些"潜台词"加以注释，以便于大家理解。当领导对你说这些话的时候，你要提高警惕了，他背后的意蕴，很丰富呢！

1."某某同志，很有个性和想法嘛。"

上学的时候，有个性和想法一般是表扬的话，说明一个人脑子灵、敢创新。小王刚进单位的时候很实诚，每次会议进行到最后环节，领导都要问一句，"大家还有没有什么想法？"小王时常本着对事业高度负责的态度，提出自己的建议和想法，有的时候还是颠覆性意见。

领导总是不动声色地说，"小王很有个性和想法嘛。"其实，他的意思压根就不是表扬小王，而是"下次注意，不要再搞这些标新立异的东西了"。进入单位，有个性和想法很大程度上就是对科层制秩序的威胁，对领导权威的挑战。万一你讲得比领导还精彩、还深刻，谁来控场，谁来主导工作呢？

2."大家还有没有什么补充的？有意见尽管提！"

这只不过是句客气话，领导问"有没有什么补充的？"意思是强调"会议就到这儿吧，方案已经确定，大家按照刚才说的干就行了。"如果你真的提出不同意见，那局面就难看了。当然，在领导提出工作思路的基础上，阐释分析、拾遗补缺、修修补补，还是可行的。

3."你最近特别忙吗？"

这句话就很吓人了。有些人听到领导说这句话，还以为领导在心疼他最近担子太重、压力太大，感动得热泪盈眶。

其实完全跑偏了，领导肯定是感到你最近工作状态不好，经常性忘事，布置的事拖拖拉拉，交付质量也不高，已经对你有所不满，"你最近特别忙吗？"意在提醒你最近工作有些懒散，应该调整状态，统筹好任务，提高工作效率了。

这句话必须引起高度重视，认真反思是不是这段时间有什么工作没干好，还是给领导请示汇报少了，及时加以改进。

4."这事回头再说吧。"

还能再提吗？怕是不能了。领导说这句话，一般是他对你说的事并不认可，也不感兴趣，又不好意思驳你的面子，想赶紧划水划过去算了。

事情还要不要接着办，你可就要掂量掂量了。

如果不办无伤大雅，你也就没必要揪着不放，三番五次把事情提出来。如果你认为事情确实很重要，需要一抓到底，怕是要拿出更有说服力的方案和理由了。

5. "这事你们看着办吧。"

领导说这句话，一般有两种情况。

一种是表达不满。可能是之前没有跟他通过气？没有征求他的意见？请示汇报不够频繁？他在借这句话表达情绪，"既然你们都不征求我的意见，那你们随便折腾去吧，看最后砸在谁手里。"听到这话，赶紧检查一下之前程序上有没有什么遗漏，更加积极主动地往领导办公室跑跑，争取将功补过吧。

还有一种情况，他对这件事情可能确实没有那么重视，兴趣不大，"你们去办就完了，我对过程没那么关心，把结果告诉我就行。"这时候，关键环节跟领导通个气即可，别大事小情都跑去烦人。

6. "某某很实在。"

领导口中的"实在"，和美女口中的"老实"一样，未必是贬义，但也绝不是什么"赞赏"。

恋爱中的"老实人"一般只能当备胎，当接盘侠，工作中的"实在人"，也同样尝不到什么实际的甜头，只能看着远方的希望默默祈祷。

领导说你"实在"的时候，也就是说你不会灵活处理问题，不能很好地领会领导意图，办事办不到领导心坎上，工作用蛮劲不用巧劲，重表面轻深层。

当然，在如今人心浮躁的社会中，"实在"也是很好的品质，起码领导会放心交给你任务，你未必会做得出彩，但一定能够保质保量完成。

我们的工作不仅要"做完"，更应该"做好"，所以还是要机智灵光一些，既要领会意图，又要落实到位，这样才能够成为领导认可的好同志。

7."材料整体上还可以。"

领导都非常讲究领导艺术，知道欲抑先扬，说你的材料"还可以"，已经是咬着牙根子吐出的违心话了，主要是怕批评得太狠，你通宵熬夜改材料的积极性受到挫伤，以后没有劳动力推稿子就不好办了。

所以，先给几个甜枣吃，后面再把推倒重来的要求提出来，你接受起来可能容易一些。材料哪是整体上还可以，压根就是"整体和部分、全局和局部都不太行，重新弄吧"。

8."我再耽误大家两分钟。"

某次会议进行到尾声时，领导笑着跟大家商量，能否"再耽误大家两分钟。"

你以为是马上可以合上笔记本走人了？产生这种想法还是太年轻啊。

其实领导真实的想法是：虽然会已经开得不短了，但我这还有几个非常重要的事情要好好跟大家说说呢，请大家集中注意力继续听讲。

类似开会时的常见套话还有，"以上几点体会和建议，供大家参考。"你以为是参考参考就完了？其实领导想表达的是，这些要求，我可不是讲着玩儿的，条条要落实，桩桩要见效！

十一、领导眼中的靠谱是怎么做到的？

石头误事了。上周五，某部门送来三份文件，请石头帮忙分送三位领导。石头当时正在全神贯注地改稿，虽然一把接过文件满口答应，目光却一刻没从屏幕上移开。

得空了，石头拿着三份文件去分送领导，两位在，径直交到手上，还有一位不在，于是石头拿着文件回了自己办公室，继续码字，想着写完稿子再去看看吧。

时间转眼到了今天，石头早已把这份文件忘得精光。直到接到某部门语气急切的询问电话，石头才意识到出娄子了。原来，领导准备在近期的一个会上宣读这份文件，找不到，质问的电话打到了部门负责人那里，人家当然委屈，材料早就递给办公室了啊，殊不知，问题出在了我这里。

对办公室人来说，忘事、误事是巨大的缺陷，不仅耽误了事，给单位带来损失，而且会让领导和同事对你的信任大打折扣。文件送到你手上、任务交到你手里，结果却难以预测，还有可能石沉大海，谁也承受不了这种惊吓。

痛定思痛，石头进行了认真反思。人脑并非机器，不能始终精密无缺地运行，总是会受身体、精神状态的影响，忘事固然难以完全避免，但平时如果注意培养良好的做事习惯，遵循程序化的办事步骤，有意识地把事情做成一个闭环，把"靠谱"当成一项底层素养，忘事误事的概率确实能够大幅降低。

1. 第一步，懂得

接受任务的时候，问清楚、记清楚，不要光点头说好，埋头干活，特别是真的不理解、没听清的地方，要敢于提问。

有经验的办公室人，往往一边接受任务，一边积极思考：对没有听清楚或领导表述模糊的地方，第一时间确认；对贯彻意图时可能出现的多种情况，及时提出来，让领导给予明确答复；对领导意图中可能出现的偏差，该纠正的纠正，该否定的否定。只有这样，才能为接下来落实指示打下好基础。

主要是要问清楚两样东西：一是标准，二是时间。最好能把领导的要求复述一遍，跟领导确认一下：

"马局，我明白了，这个材料是不是主要从×××几个方面写？""王处长，您刚才说得很清楚了，我们抓紧落实，也就是要×××。""张主任，我们抓紧组织人起草，您看什么时候给您初稿合适？"

问与不问差别很大。问了，不但能把要求搞得更清楚，同时也更能凸显你积极主动工作的姿态，让人心里熨帖。

2. 第二步，记得

遗忘是人脑的本能，也是人脑自我保护的生理机制。过目不忘？那恐怕脑袋早就爆炸了！

记得，是在调动一切工具与大脑的本能对抗。职场上每天产生的信息量惊人，微信、电话、领导耳提面命、会议、通知、公文系统，目光所及之处，时刻都在产生待办事项，这是多难的一件事。

拖是导致忘事误事的第一原因。拿到手的文件，总想着放一放再转；接到的任务，总想着等一等再办；没处理的短信、电话，总想着找个时间一起回复。假如总是想着拖一拖再办，出问题是早晚的事，是大概率事件。

比如石头前面漏转的文件，即使领导不在，假如能坚持一鼓作气办清爽，先放领导屋里也好，给领导发个信息报告一声也好，最后就肯定不会遗漏。

我们每个人每天都会接收大量的文件资料，接收后我们应立即着手处理，处理完毕后应立即送出去，不要停留在自己手中。这是一个人提高办事效率，避免工作被动的最有效手段。

那些能够马上处理掉的事情，一定不要拖。收到文件，站起身马上就转送；收到短信，能立即回的马上就回；需要请示通知报告的事，马上就去说。能够养成这样的习惯，忘事误事概率就小多了。

在时间管理领域有个两分钟原则：任何事情如果花的时间少于两分钟，那么马上就去做。

一件事可以在两分钟之内完成，你需要马上完成它，或者在两分钟之内委派给他人，否则就把这件事推迟、存档或丢掉。

比如微信中领导交代任务，让你把一个稿子发给某位处长，稿子是现成的，发个邮件明显用不了两分钟，那么你最明智的选择就是停下手头其他的事，马上把邮件发了。

如果你不这么做，而是选择继续忙手头的事，必然会付出更高的时间精力成本：

要么把这件事忘得精光；要么心里老是惦记着这个事，手头的活也干得不清不楚；要么总是觉得自己还有个什么事没办，却想破脑袋也想不出来。

两分钟原则之所以管用，是因为我们在反复转移注意力时，会耗费很多的精力，这就是大段时间被打断后效率低下的重要原因。

两分钟原则避免了这种消耗，推动了当下事务的完成，并且没有遗漏突发的事情。

此外，随时拿出笔记本记录，这一点石头嘴皮子已经快磨破了。脑袋是靠不住的，无论是日程、交办任务还是待办事项，只有记下来才有把握。

石头发现，拿笔记之所以要优于用脑袋记，除了更可靠，还能提高思考的效率。比如一周后上午九点要在会一（第一会议室）开会，假如用脑袋记，你整天都得惦记着这个事，隔段时间就要回忆一下，啊呀，下周有个会啊，上午九点啊，地点在会一啊，这样会占据大量的思维资源。

要记的事情多了，一方面惶惶不可终日，另一方面缺少精力去考虑那些真正需要思索的问题，大脑就像一台装了太多程序的电脑，半天也开不了机。

还不如就随手在日程本上记一笔，每天上班下班检查一下日程表即可，省脑子也省心。

3. 第三步，反馈

大家看看现在各式各样、眼花缭乱的 App，无论是打车的，还是购物的、点外卖的，甚至坐飞机的，有一个功能总是不可或缺，那就是显示对方的实时位置。

看着我刚叫的专车正在缓缓朝我移动，虽然还有十分钟才能到达，也让我感觉十分心安。这就是人性深处对确定性的渴望。不确定让人感到焦虑，航班动态、滴滴司机位置、外卖小哥位置、文件下载进度条，都是为了让人们在不确定的世界中多一点确定性。

我们把这个原理挪用到工作中，如何增加领导对你确定的依赖，缓解他们不确定的焦虑？**最重要的一条就是让他看到你的"进度条"和"实时位置"。**

任务推进的过程中，要盯得住，发挥主观能动性去推，遇到问题、取得进展了，都要及时反馈沟通，这就是石头在《秘书工作手记：办公室老江湖的职场心法》里说的"件件有回音、事事有着落"。

每天下班前，应该抽出几分钟把当天的公务清理妥当，白天没来得及处理的文件，赶紧办了；没回复的短信，抓紧给人家一个答复。晚走一会儿，天塌不下来。

4. 第四步，核查

事情已经办完，且慢，还没结束，慎一慎、缓一缓再给领导交差。所谓闭环，还要求你交出去的活儿，不光在过程中是认真干的，干完之后也是经过仔细复查核实的。"出手"前，反复检查你交上去的材料、发出去的东西。

打印复印的材料，递给领导前再看一遍页码对不对，有没有缺页，万一打印机没纸了呢？花了五六天写的讲话稿，放在领导桌上之前再朗读一遍看有没有错漏字，万一书名号里掉了一个字呢？甚至把文件送到领导办公室的路上，在领导办公室门口等着"接见"的空当，都可以再一目十行地扫一扫，说不定能发现几个错别字，还来得及一路小跑回去改！

实事求是地讲，谁也不敢保证万无一失，我们能做到的，就是多看，反复看，出手前再看一遍，把错误发生的概率降到最低。

否则，前面99步走得都很认真，最后一步晃了点，就给人留下个不靠谱的印象，多冤枉。

十二、大领导与小领导可不一样

石头的朋友小马最近过得很不顺心，石头听他吐槽半天，主要问题原来出在大小领导对他的不同态度上。

据他说，大领导水平极高，能力极强，对他很赏识，经常嘘寒问暖，微笑着握握手，拍拍肩膀头子，说点"小马，干得不错！"这类不痛不痒的话。小领导则不学无术，非常令人讨厌，天天压着他干活，自己只会动嘴和邀功，还时不时打压一下下属。

自己每次见到小领导，丝毫没有见到大领导如沐春风般的感觉，心里充满了厌恶恐惧。最后，小马提出了自己的终极问题：能不能只跟大领导处好关系，不去理会自己的直管小领导呢？

眼见着他差点就要重复石头当年犯过的错误、走过的弯路，石头索性拉他坐下，好好跟他把大领导与小领导的辩证统一关系讲解了一番。

1. 大领导与小领导，对你的发展都很关键

官大一级压死人，这话当然没错。一般来说，大领导的权力大，人事权、调配权，往往掌握在级别高的大领导手里。大领导是你成长的关键人之一，这毋庸置疑。

但这并不代表只要大领导帮你说话，你的发展就是一路坦途了，直管小领导同样是你成长的关键人。

职务和权力是绑定在一起的，既然他是你的领导，即使再小，也会有职务赋予的节制你的一些权力，比如推荐权、评价权、话语权。这些权力大领导可以打招呼，但拿不走。

一般情况下，大领导认可你，小领导当然会听大领导的，但是如果你真的跟小领导闹得很僵，他对你很不满意，他听大领导的话听到什么程度，会不会找些理由设置障碍，还真不好说，大领导也不可能为这事儿就撕破脸。

所以，不管你内心是否认可小领导的人品和能力，对小领导始终要充分尊重、高度配合，至少不要让小领导说你的坏话，石头觉得这应该是个底线。

2. 大领导与小领导，相处起来要有差别

既然大领导与小领导身位不同，你距离他们远近不同，相处起来当然不能"一碗水端平"，而要有所区别。

有些人跟领导相处，其态度像是"线性递增"，领导职位越高态度越恭敬，职位越低越漫不经心。从内心的重视程度来讲，这样或许没有问题，但如果具体行事上也采用这种策略，很有可能收不到好的效果。

有位领导讲过一句心得，石头觉得很精辟，**他说，"要把小领导往大了看，把大领导往小了看"**。

把小领导往大了看，意思是说跟小领导相处的时候，特别是在外人面前，面子要尽量往大了给，一定要体现出下属的姿态，毕恭毕敬，让他们享受地位带来的愉悦感，觉得"自己是个领导"。

把大领导往小了看，意思是说跟大领导相处的时候，反而要放松一些，不卑不亢，落落大方，有一点生气和虎气，别整得谨小慎微、战战兢兢，容易被人看扁，觉得你没出息，不堪大用。

之所以"反其道行之"，道理在于这才是"缺啥补啥""有的放矢"。

讲真，小领导其实没品尝过什么权力的味道，平时别人也未必对他有多尊重，真的把他当成领导来看，他自己也不太自信，这时候你在外人面前的一句"这是我们领导"，肯定会让他一个激灵，非常受用，"哦，原来我也进入领导行列了，感觉真好"。

大领导则完全不同，平日见多了毕恭毕敬甚至哆哆嗦嗦的下属，再碰到得体大方、自然清新的年轻人，怎么能不喜欢呢？

当你面对大领导的时候，不要把领导只理解成工作上的上级，而要把领导看成是可接近的长辈和前辈，把心态放平和，既要有必要的尊重和恭敬，更要挺胸抬头、目光直视、声音洪亮，这样才能赢得大领导内心的赞许。

3. 大领导与小领导，其实是一条战壕的

不少离大领导远、离小领导近的同志总有种感觉，大领导英明神武、和蔼可亲，小领导能力有限、声色俱厉，从而寄希望大领导为你主持公道，把小领导干个稀里哗啦。

其实，这不过是你层次太低，没有机会享受大领导"暴风骤雨"的错觉而已。你和大领导差了几个层次，没有工作联系，没有任务布置，没有利益纠葛，所以大领导没必要对你甩脸色。

小领导指望着你出活，好跟上面交差，抓得不细能行吗？

从下往上看，自然希望领导体谅下属、率先垂范，有功劳让给下面的人，有雷留给自己背。这属于理想状态，现实中当然存在，但比较稀缺。

其实，在你应该毫无怨言、兢兢业业"搬砖"这件事上，大领导小领导的认知是完全一致的，你就是个干活的大头兵。只不过小领导在一线监工拿鞭子抽你，大领导犯不上，他管好小领导就行。

他们根本就是一条战壕的呀，甚至，小领导不也是大领导任命的，他能说自己用错人了？

所以，觉得小领导不好，指望大领导给你主持正义，指望从大领导那里获得"公道"的想法，一定会落空。

十三、推活儿又不得罪领导的好办法

现在各个层面、各种单位任务都挺重，这说明我们的事业在不断发展壮大，是好事。但一个副产品就是大家加班比较厉害，越来越多的地方都喊出了"周六保证不休息，周日不保证休息"的口号，赶上有大活儿急活儿，时不时就一个通知发下来：取消某某月份所有休假！

时常有人问石头：加班太多怎么办？有没有既能推活儿，又不得罪领导的好办法？

怎么去看待这个问题呢？首先我觉得你要认识到一个问题，就是甘蔗没有两头甜。不是说没有不加班的办法，确实有可以不加班的办法，而且办法还很多，关键是你要不要去实践这些办法。

什么叫甘蔗没有两头甜？这也是石头从一位事业发展非常好的大哥那儿学来的，请允许石头先自曝一段日记。

2019 年 × 月 × × 日

昨天跟一位大哥吃饭，他年纪不大，却已经是某单位的负责人，事业可谓一帆风顺。

席间聊了不少，印象最深的是他对加班的决绝态度。他说，小地方的孩子到北京，没有根基，没有人帮，只能靠拼，靠时间和精力的投入才能出头。甘蔗没有两头甜，想过 5∶00 下班的日子也可以，不过就要接受平庸。

这位大哥说得非常到位，完美地解释了什么叫甘蔗没有两头甜，就是说，对无根底的人来说，推活和发展总是此消彼长，负相关的。也就是说，**推活当然可以，也有技巧，但你要做好领导对你有意见的准备，你到底更看重什么，或者想发展到什么程度，自己内心得有数。**

我只说说如何把推活的负面效应减到最小。

1. 要提高效率

能白天做完的事儿尽量不要拖到晚上，能够外包的活儿就不一定非要自己干。比如整理录音这种非核心工作，完全可以包出去，或者用"讯飞听见"这种互联网服务。

2. 要抓大放小

虽然我们在办公室经常讲，对待任何工作都要一丝不苟，都要高标准严要求，但在现实中这是不可能的，假如对每一件工作都精益求精，你不可能做得完。

拿写稿子来说，有些稿子就是常规化、程式化的，比如贺信啦、上级单位为了自己写稿子要的一些材料啦、礼节性致辞啦，在之前材料的基础上稍加改动即可，有些人却非要拿出起草党代会报告的劲头，字斟句酌、反复推敲，那工作哪里有做完的时候？你不加班谁加班？

领导关心的、重视的或者与个人发展特别相关的，应当高标准地做，而一般性的事务工作，确保不出错就行。

3. 摆出不容回避的客观事实

具体到如何拒绝，一定不能用主观理由去拒绝领导和同事，我不舒服啦、我难受啦、我很累啊、我不想干啊、我还有事啊，这些没有客观依据的主观感受都不行。

要陈述不容回避的客观事实，让领导明白你的困难到底在什么地方，简直太难了！

比如前面那位仁兄，把药拍在桌子上、把伤口亮出来，都未尝不可。推而广之，别人逼你喝酒，你先把救心丸掏出来吃了，谁还敢劝？别人要你帮忙再整个材料，你把手头正在写的 5 个稿子一一展示一下，谁还不自己退下？

4. 适当管理领导预期

通过适当方式，向领导传达合理正当的工作节奏是怎样的。你天天都晚上 10 点多离开办公室，哪天 9 点走领导还觉得你提前跑了；你天天 6 点离开办公室，那某天 9 点才走领导就觉得你拼搏奉献了。

5. 态度柔软

拒绝不是让你硬怼，态度一定要用恳求的、无可奈何的。要让领导感到，虽然我能力上确实胜任不了，但我对领导是坚决服从、高度尊重的。形容外刚内柔有个词叫"笑着流泪"，拒绝的时候则是要"流着泪笑"。

6. 备选方案找补回来

拒绝不是消极工作，更不是推卸责任。石头不是想教大家怎么推活。我身体完全恢复了，我可以抢着多干一点挣表现，我可以主动帮大家承担一点；我不爱晚上陪酒，我白天工作不怕苦不怕累，这就可以把负面影响降到最低。

人各有志，说到底，怎么选，还是自己的事。无论如何，愿大家在"加班还是推活"这个问题上都能做出不让自己后悔的选择。

第二章

礼仪：礼仪是人心中
最柔软的地方

chapter 2

<<<

一、单位食堂也是局啊！

昨天，有人困惑地问石头，在单位食堂，看见领导一个人坐着吃饭，场面很是冷清，其他人则聚在一起笑语不断，要坐到领导那桌陪吃寒暄吗？

不过去坐吧，看着领导着实有点孤单；过去坐吧，一方面担心被人议论自己是马屁精，另外一方面又怕不知道聊什么，怕最后弄巧成拙，于是左右为难。

怎么办？石头的建议是，坐过去，尤其是作为办公室工作人员，更要坐过去。我们可以从两个维度来分析这个问题：

第一个维度，领导也是个普通人。

作为一个普通人，看到别人都是三五成群，聚在一起嬉笑聊天，时不时拿余光瞟过来，自己却一个人坐着吃饭，可想而知，心里多少还是有些尴尬和发慌的，有点质疑自己的人缘和凝聚力，这是人性。

第二个维度，领导还是个领导。

之所以能成为领导，大多还是喜欢交流、爱张罗事儿、喜欢前呼后拥，性格太内向的，往往也成不了领导。即使原来内向，当领导时间长了，也习惯门庭若市了，"冷淡"的滋味怕是受不了的。

从这两个维度看，身为部下，似乎都应该坐过去。

事实上，领导之所以一个人坐，往往并不是他想一个人坐，而是他身边可能确实没有多少人可以时常一起约饭，往往就是高处不胜寒，一个人坐不是他享受或者刻意为之的一种状态。

如果你身为办公室的同志，不用犹豫，服务领导是你的本职工作，你有义务去体谅领导的感受，维护领导的形象，不要让领导陷入尴尬和难堪的境地。

当然，你如果对领导的性格有确切了解，知道领导就是喜欢离群索居，就是喜欢在安静中冥想沉思，那不去打扰他也行。

当然，你可以做得更自然一些，比如说叫上一两个同事一起坐过去，聊聊天，既能避免领导的尴尬，又没有刻意脱离群众。

石头把这些讲究告诉他之后，他很崩溃，抱怨道，平时上班已经很累了，食堂吃个饭还不得放松，竟然比上班还累。

石头很理解他的感受，因为我自己就很少在单位食堂吃饭，不是单位的饭不好，恰恰相反，单位的饭味美价廉，但有人的地方就有江湖，有领导的地方就有秩序，在单位食堂吃饭同样是场"局"，确实很难放松，也不能放松，我还是躲个清静吧。

事实上，在食堂吃饭，除了看见领导要不要坐过去这个问题，其他的讲究也不少，比如下面这些事情，你都琢磨过吗？

1. 什么时间吃饭

有句玩笑话，叫吃饭不积极，思想有问题。但这句话放到单位食堂，就不太适用了。

你可以观察一下自己单位的食堂，一到饭点就准时出现在食堂的，往往都是单位的边缘人，无甚前途的。

而那些重要处室的同志，总是等到饭快没了才步履匆匆，紧赶慢赶，出现在食堂。有的时候他们确实是忙到没时间吃饭，但也有人恐怕是故意磨洋工，营造日理万机的高大形象。

其实仔细想想，吃饭早晚跟忙不忙没多大关系，手头有工作，赶紧去吃饭，吃完了还可以回来继续干，因为饭总是要吃的嘛。

但如果次次都去得早，确实容易让领导和同事认为你的工作量不饱和，有点清闲，天天只想着吃饭。这可不行，还得再给你压担子，岂不冤枉？

所以，有追求的聪明人，不管工作忙不忙，不会总是一到点就去吃饭，而是适当晚去。

2.吃饭聊点什么

既然食堂吃饭也是局，那大家在一起聊什么，就得有点儿讲究了。

食堂饭局参加多了，石头总结出一个原则：**食堂聊天寒暄，一定要有趣但不核心。**

有趣，意思是别探讨过于严肃的工作话题，毕竟吃着饭，还是得稍微放松一点儿嘛。聊聊天气环保、军费开支、各国大选、全民公决等大事要事喜事急事突发事，都挺好。

不核心，意思是千万别聊相互之间有利益瓜葛的话题，说大不说小，说远不说近，说虚不说实，说外不说内，是必须掌握的闲聊规则。比如跟同事聊什么评奖评优，跟领导聊什么人事问题，这都是自己给自己找不痛快。

特别是跟领导一起在食堂用膳，更要量体裁衣，根据领导的工作性质、性格特点、爱好特长找话题。

一是聊与领导工作相关的话题。分管业务的聊业务，分管稳定的聊信访，分管群团的聊活动，分管党建的聊从严治党。

二是聊领导平时比较关注的话题。有的领导关注国际大势，有的关注经济走势，有的关注股票金融，不一而同。

三是聊与领导个人特长爱好相关的话题。工作之余，有的领导书法好，有的擅写作，有的会绘画，有的搞摄影，等等。

四是看领导性格。性格外向善演讲的可多聊，性格内向平时话不多的可少聊。

3. 还是要搞服务

作为大头兵，在饭局上主要是搞服务的，时刻要有服务意识，这个道理在单位食堂同样适用。

当然，单位食堂不存在什么催菜啊，转桌啊，倒茶啊之类的事情，但还是有些可以体现高度服务意识的地方。

比如，帮领导同事端碗汤，拿个酸奶，捡点水果，递张纸巾，收下餐具，都可以树立小同志有眼色、肯服务的勤勉形象。

二、饭局怎么组织，才能请到想请的人？

石头在《秘书工作手记：办公室老江湖的职场心法》里很详细地讲了安排饭局的讲究，怎么点菜，怎么上菜，怎么搞服务，怎么让宾主尽欢，大家都觉得很实用。

也有人提出，他的困惑并不在怎么"吃饭"上，而是在怎么"请人"上。毕竟，人请不出来，再会点菜也是假把式，派不上用场。石头仔细琢磨了一下，觉得这位读者提了个非常好的问题。确实，点菜上菜说到底只是技术性环节，一切都有章可循，照着来就行了，而请人这件事就比点菜深奥得多、微妙得多了。

请不到人，饭局就无从谈起，想谈的事也无从开口。请错了人，轻可以让一场饭局莫名尴尬，宾主面面相觑，大家都感觉不够尽兴，重则甚至可以让你想打动的那位主宾气愤懊恼，形势急转直下，好事变成坏事。

现在大家都营养过剩，谁都不缺饭吃。你想想，就连你跟好兄弟之间聚会，是不是也得有个由头？"咱俩好久没见了，今晚见面好好叙叙。""最近新开的一家蒸虾馆不错，虾特别新鲜，晚上去尝尝？"

更何况求人办事的饭局，更得有名头，讲究个"名正言顺"。

有的时候，你跟想请的人没那么熟，他对你还有防备，由头得有点吸引力，抓住对方的喜好，勾起对方的兴趣。有时候，双方感情基础到位了，由头甚至不用特别站得住脚，不过是给双方一个都需要的台阶。

怎么才能拉起一个饭局，且能让一群爷们儿吃得开心？石头教你几个比较常见的由头。

1. 节日

"中秋节了，好久没聚了，有空聚聚？""马上过年了，好久没聚了，有空聚聚？""国庆放长假，大家不太忙，有空聚聚？""马上冬至了，吃点儿火锅热乎热乎？"（见图2-1）

图2-1 饭局怎么组织，才能请到想请的人

以时间和节气为由头邀约，隐约含有祥瑞和祝福的意味，大家往往不好拒绝。而且还有个好处，就是有明确的时间，避免了"有空聚聚"但总是没空的不确定性。

2. 有好事

"老兄，最近有空吗？上个月单位给我评了个先进工作者，我请大家聚聚，感谢大家对我的帮助支持啊！"

个人工作生活上的"好事"，比如，过生日啦，工作调动啦，提拔加薪啦，得奖评优啦，都是拉扯饭局请人吃饭的好由头。所谓"共襄盛举"，好事大家都愿意来给你祝贺祝贺、沾沾喜气嘛。

3. 工作完成、合作达成

如果你想请的人是工作上有交集、有合作的人，这样组局再合适不过了。

"老哥，论坛总算是圆满办完了，没有你们的大力帮助我们哪扛得下来，这周末有空的话聚聚？"

一来上一阶段工作完成，大家心情都比较愉悦放松；二来趁热打铁，正好可以把工作中形成的友情通过私下的饭局固定下来，也有感谢之意。

4. 朋友

呼朋引伴也是组局的常见由头。

好比你想追一位美女，恰好又认识美女同宿舍的闺蜜，那么常见的操作就是通过闺蜜把美女约出来，三个人一起吃个饭，就顺理成章地认识了。

同理，假如你的一位亲戚或朋友颇有分量，你想请的人又恰恰热衷于结交各色有分量的人，那你以这位亲戚或朋友为由头，邀请他出来聚聚，成功率一定会很高。"某某是我好兄弟，他说最近想跟您一块聚聚，您看什么时间方便？我来安排！"

再如，你想请的人小孩在某某小学上学，你又恰好认识某某小学的人，那就可以说，"某某小学的某某最近一直约我聚聚，您有空出席吗？

正好一起认识认识？"你放心，他肯定上赶着也要来参加饭局。因为他来参加这个饭局不觉得有什么负担，反而觉得是有利的。

5. 细节

其他组局的细节，比如提前邀约，晚上 6 点开饭别等到 5 点才叫人。

再比如说求人办事的饭局，叫的人不要太多，三四个、四五个就顶破天了，人杂了根本没有办法深入交流，只能敬酒的时候单独交头接耳两句，或是临走前叮嘱两句，总归不够充分。

这都是最基本的，石头就不多言了。唯独提醒一点，尽量别组"罗汉局"。

什么是"罗汉局"？就是一桌子都是男性，没有女性的饭局。倒不是想搞什么低级趣味、莺歌燕舞，咱不好那一套，毕竟男女搭配干活不累，一桌子都是男的，总觉得差点儿意思、差点儿趣味，如果席间能邀请一两位女士，局面一定会生动活泼很多。

三、酒量小的人，饭局上怎么如鱼得水？

先告诉你一个事实：现在的条件和氛围下，饭局上不喝酒是完全行得通的，那种非要往死里喝，不喝倒几个人就是"不到位"的时候已经过去了。尤其对女生来说，饭桌上的人，都有你不喝酒的心理预期，饭局不是"罗汉局"，竟然有女士在场，已经是一件很有趣的事了。

饭局的核心其实是敬，而不是酒。所以不喝酒不意味着你就只好默默无闻坐着，也可以用饮料或者茶水代替酒，去敬别人。你敬领导、敬客人，一方面是表明遵从礼仪和秩序，服从权威，另一方面也可以混个脸熟，展示自己。

如果你不是用酒敬的，也不需要让对方喝酒。敬茶时，你要先帮别人把茶倒好、端好。假如对方执意要拿酒和你碰的话，你千万记得要说："您一定少喝点，您沾一下就行。可以了可以了，您随意。"

既然自己喝的不是酒，那么敬一次就好了，敬得太多，反而觉得你既没有本事还要嘚瑟，观感也不是很好。

不要有心理负担，不喝酒不影响你提拔。人的能力是多方面的，只要你工作能力过硬，工作成绩突出，即使不会喝酒，也完全能够得到认可和信任，从而得到提拔。即使是能够喝酒的女性，也要靠一定的工作成绩来支撑，仅仅靠能喝酒会喝酒是难以得到提拔的。

如果是在饭局上和人第一次见面，你还是需要一个理由表明自己喝不了酒。别担心理由不够圆满有力，理由并不需要无懈可击，因为它仅仅是一个借口。比如：抱歉，我从来不喝酒；我酒精过敏，一喝浑身起疹子，心动过速；我来之前刚吃了感冒药头孢克肟呢；我开车来的；等等。尤其是一些女性"专用"拒酒话术，非常好用：我还在哺乳期呢；我正在备孕呢，天天吃叶酸；我亲戚来了，不是很舒服呢。通常情况下，对女士的劝酒不会太猛烈，表现出诚意，一般没人会逼你。

女士如果面对不怀好意的劝酒，不妨直接点破，让对方面子上挂不住，后面也就偃旗息鼓了。比如：××总，您这么用力劝我酒，该不是对我有啥想法吧。您放心，我早就结婚了，灌醉我，您也没机会。

强调一下，不想喝是主观的，但理由一定得是客观的。非不愿也，诚不能也，无论是有多不想喝，也不要任性地把"不想"两个字说出来。

如果应酬比较多，又打定主意不喝酒，最好一直都不要喝，跟谁都不要喝。要不然人家就会觉得你昨天和王局喝，今天不和李局喝，很得罪人。

对于不熟悉你的客人，敬的话术可以"介绍＋赞美"为主。比如，"我是×××处的×××，负责×××工作"，让人家知道你是谁。介绍完自己之后，要奉上表达敬仰之情的话。你可以说"我经常看您写的文章，特别是×××那篇文章，让我受益匪浅""您在我们年轻人眼中可是偶像级人物""能跟您这样的优秀人物一起就餐，我感到很荣幸"等。每个人都喜欢被赞美，这样对方更容易接受你的敬意，是茶是酒就不重要了。

饭局上多搞服务，给人"有眼力见儿"的印象。你可以帮忙服务员催菜、换味碟、添茶倒水，在大家聊天时跟着附和两句"说得太对了，长见识了"之类，让人觉得你是个"小机灵鬼"。餐后帮忙送客，如果客人有车，最好送到车旁。

饭局散了，也可以给饭局上比较重要的人发个短信微信，报个平安，说自己已经到家了，确认他已经安全到家了，同时表达"今天很开心，收获很大，请您继续关心指导"的意思，这样比较能凸显你的细心和周到。

四、发个微信，也能体现高水平！

说起职场礼仪，很多人的思维还停留在上古时代，以为职场礼仪就是穿上白衬衣黑裙子，挺胸抬头面带微笑，在别人面前做出请进的手势。大谬！

你现在学什么递名片、端茶倒水之类的礼仪当然有用，但其实在职场，这些应用场景已经退到了微信的后面。

现在不少领导走在潮流的前端，爱用微信。作为一种新技术，微信有许多新特性，比如可以发语音，方便发图片、文档，容量大，等等。相应地，给领导发微信，也衍生出一些新礼仪，如果你没有注意到，在领导眼里很容易显得粗俗无礼、不太入流。

之前石头到外面讲办公室工作的课程，为了吸引同学们的注意力，上来总是先夸下海口，说：我今天讲的东西不玩儿虚的，我只教你怎么用五分钟的时间，拉开和你同事的差距，在领导的眼中脱颖而出。这个时候我就会先把微信礼仪搬出来，同学们五分钟学了几个微信礼仪，给领导发微信的时候马上就能现学现用，都觉得我所言不虚。

微信是个好东西，用好它的关键是自己多做一点，让领导少做一点。

石头试着归纳如下：

1. 罗列条目一二三，每条之间要舍得空行

石头之前说过，给领导发短信、微信要条分缕析，有章有法。如何才能显得条分缕析有章有法呢？

主要还是两点，一是要有编号，你用阿拉伯数字也可以，12345，你用汉字也可以，第一第二第三，这个大家都很容易理解。

还有一点比标序号更重要，那就是多换行、多空行。

这一点石头之前没有认识，做了微信公众号之后，突然有了新体会。

书籍、短信的排版，因为书的容量和节省纸张的原因，不会频繁空行换行，往往是一大堆内容挤在一起，到了读屏时代，信息数字化了，就没有了容量限制。

而且手机屏幕更小，尤其难以辨认，所以说做微信公众号编辑有一个很重要的原则，那就是勤换行、勤空行，这样能够方便读者在手机上阅读。

短信时代有字数限制，字数多了发不出去，编写短信还要省着点儿，舍不得换行空行，一般发短信都是图 2-2 的样子。

图 2-2　不分段不分行换行的信息

但是微信几乎没有容量、字数限制了，在换行的时候就不用再抠抠搜搜地节省，完全可以怎么好读、怎么容易区分怎么来，这是很重要的一点。

我们给领导发微信的时候可以引入公众号编辑中的思路和方法，每一个条目就空一行、换一行，不要再挤在一起，这样更符合手机的阅读习惯，方便别人厘清条理。如图 2-3 所示。

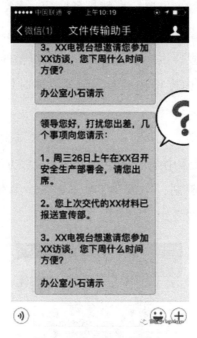

图 2-3　分行空行的信息

2. 尽量不要给领导发语音

发语音，越来越成为上级对下级的一种权力，有时候石头甚至觉得，要判断一个人混得怎么样，看看他微信是语音发得多还是文字发得多就行了。

可以随心所欲给别人发语音的，那肯定是地位高权力大的领导，只能勤勤恳恳打字的，那肯定是小兵。

石头曾听一位领导吐槽有些不识趣给自己发语音的下属，他说，下属给自己发语音消息只会给他带来两个印象：这个下属懒；这个下属对他不尊重。

为什么领导都讨厌收到语音呢？

道理很简单，一条 100 字的短信，可能 5 秒钟就能看完，但是，语音 30 秒甚至 1 分钟才听得完，你这不是耽误领导时间吗。

而且语音不方便重复查看，也不方便检索。语音虽然好使，但是这东西，领导可以给你发，你不能给领导发。

当然，事情比较着急的时候，或者是手头有事的时候，给同事发发语音石头觉得还是可以的，不必过于苛责。

3. 发图片或 Word、PPT、PDF 等文档要有摘要或说明

用微信传文件确实很方便很直接，但是记住不要直接给领导单独传图片或 Word、PPT、PDF 文档，把一堆文件一股脑丢过去，会让人莫名其妙。

一方面，这些文件发过去很容易，但很有可能因为格式问题无法查看。能打开，也要等半天，不够直接和方便。

另外，这些文档只能作为附件来参考，核心内容、请示事项还是需要你提炼出来，或者把文字复制出来，编成摘要以文字形式来发，一眼就能看明白。

比如收到一份会议通知，你可以把原件拍照发给领导，但一定要附加一段说明文字：

"领导，上午收到 ×× 部门会议通知，请您 27 号周五到 ×× 会议中心参加 ×× 部署会，您是否参加？"

又如，领导对稿子提了一些意见，你紧赶慢赶凌晨 1 点终于改完了，在用微信把文档发过去的同时，可以加上一段说明：

"领导，按您要求对讲话稿做了修改。改动的地方：一是 ×××；二

是×××；三是×××。请您审阅。"

加个说明多做一步，费功夫不大，领导的感受却完全不同，太合适了。

4. 如果是需要领导在电脑上查看或保存的文档，就更不适合用微信发送了

有些文件明确需要领导在电脑上打开，比如某些稿件，需要领导用修订模式直接修改，这时最好不要只是微信发送。一来领导很可能不会用微信的电脑版。

即使他们会用，手机转到电脑版上保存，也是非常麻烦的一件事情，往往要经过好几道程序。

假如你不在电脑前，没有打开微信电脑版，你还得自己回去后再用文件传输转发一次才能保存，这就非常讨厌。

重要的需留存的文档，不如直接发邮件给领导，方便领导查看和保存。

5. 发涉密内容是在给领导挖坑

微信用于工作已经是常态，但石头每次给领导发微信，心里的弦也崩得老紧了，发之前都要掂量一下，这玩意，它能上网吗？不信你看看下面这个例子。

紧急传达致泄密。2016年10月，某市市委某部门为部署相关敏感工作，印发了涉密文件，并通知该市29个乡镇派人签字领取文件。某乡政府干部洪某到市委领取文件后，认为事件紧急，又正值深夜，于当晚将该件拍照发送到乡政府微信群。群成员杨某看到后，立即转发到其他微信群。之后，该件被数次转发到多个微信群和微博，造成泄密。

微信的信息都保存在网络服务器上，任何微信内容都存在泄密的可能性，一旦泄了密，后果不堪设想。所以如果有涉密内容，一定要守住底线，坚决不用微信发。

6. "嗯嗯" 就是比 "嗯" 要香

领导在微信里布置任务，有的人回答嗯嗯，哦哦，或者好嘞，有的人回答嗯，哦，好，你感觉哪个舒服？明显是用叠词的更好。

石头喜欢拿男女那点儿事打比方。想象一下你正在追一个女神，满心欢喜地给她发了一大堆肉麻的情话，甲女神回了一句"哦"。乙女神回了一句"哦哦"。你觉得哪个有戏？是不是甲女神让你感到自己可能还未进入备胎队伍，而乙女神让人感觉即将拉上小手？

"嗯""哦""额""好"，一旦在聊天的过程中遭遇其中的任何一个，基本表示"哥（姐）很忙，聊天结束"。

有科学研究表明，叠音更让人温暖。小孩子最初会说的词都是些什么词？没错，"妈妈""爸爸"，基本是叠音词。

给领导微信回两个叠音字，会给他一种温暖的感觉，会让领导觉得你更加热情，更让人有安全感。相反，领导会觉得你异常冷漠，没有人情味儿，小子，想造反不成？

五、微信就是你的第一人格

微信就是你的第一人格，甚至就是你的本身。

很多人谈恋爱的时候都会在微信中上传这个高档餐厅、那个名车名表的照片，表明自己很上档次。那在单位其实也是一样，你的微信形象就是你本人的形象，所以说，用微信的时候，以下方面你一定要特别注意。

——朋友圈其实是公共场所，千万不要搞错了性质，把朋友圈当成一个树洞或自家客厅。你要时时刻刻想着，无数双眼睛正通过朋友圈盯着你呢，说不准就有人想朝你射出暗箭，把你拉落马下。

——不回别人微信，或许算不上十恶不赦，有可能那会儿是真的在忙。但不要一边不回别人微信，一边在朋友圈到处点赞，被人看到，就铁定是你的错了。

——不要老在朋友圈抱怨工作苦，工资低，更不要说领导对你不好、不关心。你以为你设置分组可见后，领导看不到你的朋友圈？事实上领导马上就收到了别人偷偷发过来的你朋友圈的截图。

——求点赞，求投票，求转发，求购买，发此类信息真的要慎重，一个星期或一个月有一次就不得了了，发多了真的很 LOW。石头屏蔽的人，大多是此类。

——在群里问问题，最好发红包，人家凭什么帮你啊？真以为人间有真情有真爱？即使是很熟悉的，也发个红包，表明感谢和尊重的心态。

——群里找人帮忙或问问题，不要搞得太复杂，更别强人所难，比如说，发个文稿标题上来，让大家提提意见，可以。但你要让大家帮你想几个标题甚至帮你写段话，恐怕就没人理你了。

——点赞，回复，虽然俗气，但还是要有，谁发完朋友圈之后不是等着数点赞呢？别人有大好事儿，留个言也不麻烦。本来就是松散关系，有套路，也好过无视别人。常见回复套路如下，自己选用发挥。

旅游类："太羡慕你了！"

自拍类："好美！又瘦了！"

健身类："太牛了，好自律！"

知识类："学习了！受启发！"

礼物类："太幸福了！"

鸡汤类："奋斗！"

——发微信不是聊 QQ，不要问"在吗？"更不要连问好几次"在吗""方便吗"。有事儿您直说。

——有些表情包还是很好用的，比如捂脸这个表情，在拒绝道歉甚至求人的时候简直不要太传神。

——直接发实时语音或视频聊天显得非常粗鲁。石头曾碰见过刚加好友的人，晚上九十点钟给我发视频请求，吓得我魂飞魄散，赶紧拉黑。

——有些人会把自己和别人的聊天记录发到朋友圈。这是一件非常惊悚的事情。可能是想表现自己的朋友很多，层次很高？但石头实在是不敢和一个说话时先把录音笔掏出来的人有什么深交。

——争取用一条信息把问题或者事情说清楚，不要一句话发一次，一件事情发十几条微信，只有情侣之间才能这样，你跟人家好到这种程度了吗？

——加好友的时候，说清楚自己是谁。

——清理好友，这种事悄悄干就行了，有些人还搞什么群发清理，还有基本的礼貌在吗？碰到这种人，石头第一时间删掉对方。

——假如没有及时回复微信消息，还是稍微解释一下，比如在开会，在忙，迟复为歉，等等。"不好意思哦，刚看到。""昨晚睡着了，刚看到。""刚才在开会，刚看到。"

——最好用真实姓名和真实头像，至少让人能够比较清楚地知道你是谁，干嘛非要用一条狗当自己的头像！

——千万不要用符号做自己的名字，别人找你的时候会非常麻烦，切换输入法都要搞半天。

——回复别人的时候，不要说嗯、啊、呵、行，如果是谈恋爱，这种回复基本要完。在工作中也不可取，还是说是的、好的、没问题，能够凸显职业素养。

——发表情包也是有礼貌地结束聊天的一种好办法，比如说一个敬礼的表情，或者是一个跪拜的表情，就能礼貌而又殷勤地结束对话。

——有单位的人还是不要在朋友圈做微商了吧，会让人感觉非常奇怪。而且，真的那么缺钱？真的忍心挣同事的钱？

——上班时间尽量别发朋友圈，尤其是发些跟工作无关的。看到你发朋友圈，领导会想：看来工作量还不够饱满啊！今晚的稿子你写！

——无论是谁，新认识的人尽可能留个电话，加个微信，指不定什么时候就需要联系谁。新加入工作群，先把自己的群昵称改成姓名＋单位（部门）＋联系方式，单位里的人能加联系方式的都加上，等到急需联系谁没有联系方式特别愁人。

六、怎么顺利加上领导微信？

一口气讲了好多微信礼仪，有些同志可能要坐不住了：石头，你说得天花乱坠顶什么用？我也想给领导点赞，我也想在朋友圈发加班照片给领导看，可是我压根就没有领导微信啊？难道我主动跑去找领导让他把二维码给我扫一下？

毫无疑问，主动跑去扫领导二维码行不通。且不说你有没有这个胆儿，即使你真的一时冲动跑去主动加领导微信，极大的可能也是铩羽而归。

如果是级别比你高得多的大领导，你乱加微信，这叫不懂规矩，不知分寸，不尊重权威。你几斤几两，隔着那么远，点赞都还不够分量呢。

如果是工作中有联系的领导，也还是让人觉得有些冒失，不够稳重自然。领导心里或许会打鼓：加我微信是不是想偷看我朋友圈？探听什么秘密？

有些比较小气的领导，甚至会认为你心思不在工作上，只知道"拉关系"，对你的印象会大打折扣。

所以，**加领导微信这件事，当然姿态上要争取加、积极加，但具体操作方式上还是要讲究个师出有名，最好是顺水推舟。**

石头听顾问团的王主任讲过一个有趣的实例，听后佩服得五体投地。一次，上级单位领导来王主任辖区调研，王主任作为办公室主任，忙前忙后拍了很多照片。休息的时候，王主任对我们这位上级领导说：领导，今天拍您的照片好多张都特别好，我一会儿把照片发给您秘书，让他转给您，您看行不？这位领导说，干吗那么麻烦？你加我微信吧，直接转给我。于是王主任顺利加了大领导微信。

也是，谁都想第一时间看到自己的光辉形象，如果不加微信照片还真发不了，这个加微信的借口非常不错。

　　发文件也是个契机。道理跟发照片一样，有什么资料文件需要发给领导的，别发邮件了，趁机加个微信吧，领导是不会拒绝的。

　　有工作任务需要汇报，也是个理直气壮加微信的理由。比如你跟领导一起参加某项专门工作，大可以直接跑过去扫领导的二维码，"领导，方不方便加下您的微信？一般情况下，我不会打扰您的。我方便随时向您汇报和请示。"

　　该领导发加好友申请的时候，要注意细节。申请要特别礼貌和客气："某某领导您好，我是办公室的小石，向您报到，恳请您通过。"这样加上好友的概率又增加几分。

　　添加微信后，怎么自我介绍呢？大概可以这样说："报告领导，我是某单位或者某部门的某某，主要承担某某工作。电话是某某。有事您吩咐。"

　　或者，"报告领导，我是某单位或者某部门的某某，主要承担某某工作，电话是某某。为了随时聆听您的教诲，落实您的指示，所以特请求添加您的微信"。总而言之，要把自己介绍清楚，把自己的目的介绍清楚。

七、我为什么劝你要秒回微信？

　　领导要开一个小范围专题会，七八个部门参加。会小，时间宽裕，于是石头挨个给参会部门的办公室负责人发了微信。

　　很快，大家都反馈了参会人员。只有某某局，直到第二天快下班也没有任何回复。

　　石头一个电话打过去，局办主任老王振振有词：啊，我好几天没有看微信呀，微信不是用来工作的，我不经常看，你还是给我打电话吧，不要在微信上给我说事了！

　　事实上，老王的工作作风远近闻名，不仅是不回微信，打电话也经常找不到他人，手机经常不接，短信也不经常回。

现在，微信在工作中用得越来越多，他仍然不咸不淡，这次倒有了更好的理由——微信不是用来工作的，当然可以不看，让你还说他不得。

那，微信到底是不是用来工作的呢？我们来分析一下。

其一，是否还有比微信更适合沟通的工具？

体制内单位，沟通方式比较单一，不像企业有钉钉，有邮箱系统，有OA，都可以取代微信，但体制内单位没有，之前只能靠原始的电话、短信。

现在好了，微信效率更高，功能更强，可以发送语音、文字，可以发送地址、图片，还可以群聊，很多时候沟通效率比电话和短信要高许多，是一个不容回避的事实。同时，微信适用性很广，你说你们单位有钉钉、有OA，但是你跟外面人沟通，还要用微信呀，也不可能事事都通过单位内部软件来沟通。

所以，微信当然适合用来工作。

其二，那些说微信不是用来工作的人，真实想法是什么？

石头武断点说，**那些说微信不是用来工作的人，其实不是不想用微信工作，而是根本就不想工作。**

他们说不爱看微信，不习惯看微信，只是借口而已。

办公室人的主业其实就是沟通。这和做业务的不太一样，编程的可能一周见几次外人，其他时间都在埋头敲代码。

做行政的不一样，不是每天沟通几次就行了，而是经常时时处处都在沟通的过程中。要精进的是如何快速、高效沟通。

拒绝用微信工作的实质是根本就没有把工作放在心头，也根本不想用便捷的方式来联系工作，适应工作，也不考虑别人怎么工作方便，他们假装不习惯用微信工作，其实就是想推掉工作而已。

不习惯用微信工作的人，其实就是自私的，排他的，不愿意配合的人。他都不配合你用微信沟通工作，怎么指望他来配合你工作？

石头承认，微信沟通工作确实有弊端，不是完美无缺的，比如有时工作和生活很难分开。微信中有关工作和生活的消息经常混在一起，确实有遗漏的可能。

但同时更重要的是，在目前的条件下，确实也没有一种工具比微信更适合沟通工作了，那么既然这样，就应该从客观实际出发，接受这种高效的工作方式。

回想手机刚普及时，也有不少人把手机对生活的干涉当成一种严重的社会现象，呼吁加以解决，还拍出了影视剧。

现在呢？还有人提这事吗？还有人不想拥抱掌上智能时代吗？

如果你所在的单位和圈子已经习惯用微信工作，那么"微信不是用来工作的"就不能成为我们不用微信工作的理由。

要思考和研究的应该是，如何更好地用微信沟通工作，经常性地检查微信，发现未读消息及时回复，确实因忙碌疏漏了，要及时说明，也没什么大不了的；特别着急紧迫的，当然还是电话沟通，确保万无一失。

秒回微信，在领导那儿绝对是有责任心素质高能力强的表现。

八、退工作群？很有讲究的！

现在不少单位都奉行"微信群工作法"，任务来了，不管三七二十一，先拉个群呗。七大姑八大姨，只要跟工作沾点边有点关系的，都先拉进来，大家共同进退。

虽然群多了有点烦人，但石头还是承认，"微信群工作法"是个行之有效的工作办法。它解决了上一个时代办公室搞协调最大的堵点：信息共享不充分。有了微信群，尽管它嘀嘀嘀响个不停，但大家掌握的信息同步了，信息盲区消失了，沟通成本降低了，工作效率提高了。

然而群一多，又牵扯出新问题：这些群往往都是临时性的，工作结束了，任务完成了，或者你调离了高升了，工作圈子换了，这些群该如何处理好呢？

1. 使命完成，主动退群

有一段时间，我发现单位在不断新建全体人员群，群里的人都大同小异，通知的事也还是那些事，但总是过段时间前一个群就僵尸化，大家又在新群里活跃起来。

因为搞不懂这波操作是什么意思，石头悄悄地咨询了负责管理单位全体人员群的小马。小马可算逮住了一个吐苦水的机会：

之前张处、陈处不是调走了吗？但他们也不主动退群，都是领导，我也不好意思一脚把他们踢出去。群里有时候通知的事涉及工作业务，有的还比较敏感，比如活动安排啥的，让外单位人知道了也不好。

我实在不知道咋办，就请示了领导。还是领导有智慧，给我支了个招：别踢人，也别解散，你就建个新群，有事儿在新群里说，原来的老群就让它自生自灭吧。这瞅不，群就越建越多了！

我当啥情况呢！原来群越来越多是不主动退群导致的"惨案"。

那些不自觉退群的人，有的是觉得自己工作岗位虽然变动了，但跟同事的情谊仍在，没必要退群，不然显得太不礼貌。

更多的恐怕是出于私心的考量，我不退群，老单位的事我还能多少了解一点，一旦退了群，岂不是对老单位的情况两眼一抹黑？于是觍着脸强行留在群里。

其实，这两种想法都大可不必。工作就是工作，所谓职位，你的职责永远是跟位置绑定的，好比退休后就不该有办公室，就不能再看文件，自觉退群应当成为一种规矩，甚至是单位的纪律。

否则，不该你知道的事你知道了，不该你了解的情况你了解了，也是在给自己添麻烦。

石头建议，还是尽量做个体面的自觉人，离开工作岗位了，阶段性的任务完成了，没你什么事了，就公事公办，自觉退群，这才是既替别人着想，又不给自己挖坑的做法。

2. 避害时悄悄退

至于退出的方式，有些人说，一定要温情脉脉地发表一番退群感言，发个大红包，这样才算是尽到了礼数。

片面了，片面了。试想，假如你只是完成了阶段性工作，后面的同志们还要继续奋战好长时间，你欢呼雀跃、大张旗鼓地退群，岂不成了动摇军心，给领导上眼药？

所以，退群到底是大张旗鼓还是悄无声息，是要具体情况具体分析的。石头教给大家一个原则：避害时悄无声息退，趋利时大张旗鼓退。

什么叫避害时悄无声息退？

你可以自行评估一下，如果你离群会引发负面情绪，让人反感、觉得被冒犯，那就要学会避害，悄悄退。

通常情况是，你在群内一直不被关注、没多少存在感，大家根本就不认识你，也不关心你，你的退群发声只会扰乱其他人情绪，悄悄退是最好的选择。

干脆、不纠结，更不至于遭受冷言冷语、让场面尴尬。

比如，你只是单位小职工，在大群里，各个部门的人都有，大部分人都不认识你，也没人关注你，除了几个领导外没人知晓你。

这次是因为工作调动要离群，那么，悄悄退为上策，没必要给自己加戏。不然，别人会把你的离群消息当成"垃圾信息"，毕竟，别人跟你不熟。

再比如，你常年熬夜加班，终于把身体搞垮了，准备退隐山林休养，临退群前，你在群里发布了告别消息。看到消息，别人情绪上多多少少会有触动，甚至会有离职冲动，这对单位的整体稳定是非常不利的，领导会对你有意见。

这时候，应该啥也不说，悄悄退。

当然，为了避免被误会，悄悄退群前，跟认识的领导、同事还是要单独告别的，但千万别在群里掀什么风浪。

3. 趋利时大张旗鼓退

如果你的离群会让人受到鼓舞、倍感温暖、凝聚人心，那就要学会趋利，退群前不忘客套、共情。

通常情况是，你提拔到外单位当领导了，或是被选拔到上级部门更重要的岗位上了，前途金光灿灿一片大好，而且群内成员相互间都比较熟悉，那你就不能悄悄走了，要温情告别、合理客套。

要知道，群成员这时候等着聆听你的"感言"呢。不然，别人会觉得你不近人情。

客套的常用模板是：原因＋回顾＋感情＋祝福。

比如：尊敬的各位领导、同事，因×××原因，按照组织要求，我这次要去×××单位任职，今天就要去报到，衷心感谢你们一直以来的关心、照顾和支持，衷心祝愿各位领导万事顺意，事业腾达。为少打扰你们，今天我就先退出这个群了，以后有用得着小某我的地方，一定尽心尽力、义不容辞。请各位领导尽管吩咐。欢迎随时来×××指导工作，我的联系方式没变……

当然，退出前，如果条件允许，可以发个红包，这个时候就别抠门了，至少保证每个红包里有个几块钱吧。

石头见过有些猛人离职的时候发红包，本来温情脉脉、气氛热烈，好家伙，一领红包只有0.01元。马上把这伙计拉进黑名单，加上封印再不相见。

4. 劝人退群，欲盖弥彰

如果你是群管理员，有人调走了也不自觉，还赖在群里不走，这时候该怎么办呢？

这时候要区别对待，如果是一般的工作人员，按规矩来即可。就明确告诉他："老兄，某某领导交代了，群里经常会发一些敏感内容，你高升了，老在群里骚扰你也不好，我就先把你拉出去了哈，有啥事单独报告。"语气客气点，一般人都能理解。

如果是领导调走了、高升了，这时候就不能硬来了，万一操之过急，极有可能被领导扣上"人走茶凉""不知感恩"的帽子，"这小崽子，我刚调走就想踢我，人品不行"，那你的罪过就大了。

可以在边缘语气恭敬地试探一下，"领导，咱工作群里乱七八糟的消息太多太杂了，我怕打扰到您。您要嫌吵就把群删了，有消息我单独报告您。"

如果领导识趣体谅，自动退群，那皆大欢喜。如果领导装作不知，还想继续在群里发光发热，享受点赞，那你们赶紧以新领导为核心再建新群，老群就让它"与时间做朋友"吧。

九、一致好评的秘诀原来是起身相送

不久前，单位搞了一次考核测评，石头的同事老 A 再次高居榜首，以接近百分之九十的称职率碾压其他人傲视群雄。

大家都很服气，说起老 A，也总是给予很高的评价："老 A 啊，和气得很！""老 A 啊，人特别热情！""老 A 人家年龄大资格老，但一点架子都没有！"

就连外单位不过和老 A 打过寥寥数次照面的人，对老 A 也是赞不绝口，"你们办公室的老 A 人不错！""老 A 是你们那的吧，是个好同志。"

这让石头百思不得其解。老 A 是有什么魔力吗？又不是什么大帅哥会放电，怎么短短几面就能让人心生好感？于是石头不由得在平时留了个心眼儿，路过他的工位时不时多瞅上几眼。

一段时间下来，石头发现，老 A 有个与别人不同的习惯。

简单说，就是手头事再多、活再急，别人来找他时，他总是暂时放下手中的活计，起身，站着和别人交流；办完事，他也不立即坐下，而是寒暄着把来访者送出办公室门，甚至送到电梯口，甚至坚持挥手到电梯门关上的一刹那（见图2-4）。

图 2-4　一致好评的秘诀原来是起身相送

石头做不到这一点。外单位的同志来送材料，自己事少的时候大概还能坐着送上一个笑脸，一旦领导催着要什么材料了，往往都是勉强抬头，视线也不离开屏幕，手往桌上随便一指，火急火燎地说，"扔这儿扔这儿"。

没有对比就没有伤害，平时不自知，一看模范老A，差距就显现出来了。

假如，某位外单位同事小王先到石头这里送了材料，石头正在赶稿，小王在石头这里得到的只是敷衍的眼神。

然后，小王又去老A处送材料，老A先是起身欢迎，然后平视对方寒暄，然后拍着小王的肩膀将他送出大门，最后在电梯口微笑着对他告别。

待遇如此冰火两重天，谁的内心也无法淡定。小王怕是还没出电梯就在心里给石头画了叉，把老 A 打了钩。等到测评的时候，一个给 60 分、一个给 90 分，这都算对石头客气的。

说到起身与相送，又让石头想起学生时代一件难以忘怀的小事。

那时石头还在读书，有次学院组织对外招生面试，我作为工作人员和一位年届八旬的学科泰斗分在一组。这位老泰斗著作等身，是某学科的奠基人。

面试结束后，按照程序需要每位考官当场签字确认。我却因为疏忽遗漏了这位泰斗。我很忐忑地拨通了他家里的电话，内心十分不安，这完全是我的工作失误，却还要给老先生添麻烦，指不定他会怎样骂我。

万万没想到，老泰斗毫无不快和犹豫，斩钉截铁且和蔼地让我到他家里找他补签。更绝的是，补签之后，他一直把我送到他楼里的电梯，直到电梯门关上还在挥手向我告别。

要知道，在这之前，我和老泰斗素无交集，连他的课都没上过。这件事对石头的影响和震动极大，学界泰斗、耄耋之年，走路都已经颤颤巍巍，尚能如此，作为青年又怎么能不怀揣一颗谦卑的心去处世？投入更多的精力去为人？

有时候，我们看多了所谓教你"处世智慧"的鸡汤和箴言，倒是忘记了这动动身体就能做、走两步就能做、下一秒马上就能做的"起身和相送"。

这看似简单、技术含量为零的"起身和相送"，或许才是能让别人真正感受到重视、尊重、热情和温暖的关键呢！

十、一个人行不行，出一次差就全看出来了

有位长期管单位人事的领导曾跟石头说过，一个人能力行不行，出趟差就看出来了。

其实，刚开始的时候，石头对这个判断是相当嗤之以鼻的，这也太武断了！太草率了！拿这个考察干部，岂不成草率行事、随心所欲了？

但后来随着工作经历渐长，对这个观点竟越来越认同。出差这个场景，对一个人的能力考察确实很全面啊！

出差考察人的应变能力。远离本部，处在陌生环境中，怎么衔接，怎么应急处置，怎么接人待物，确实能见功力。

它还考察人的综合素质。出差在外，既要熬夜写稿，还要照顾领导同事饮食起居，哪一头都不能落下，你是不是都能应付得来？

在《秘书工作手记：办公室老江湖的职场心法》里，石头讲了跟领导出差的注意事项，不少读者反馈极其实用，但那些吧，其实还是大路货，只能说是出差过程中的基本行为原则，怎么出差才能脱颖而出呢？

石头后来在公众号搞了个主题征集，想看看大家跟领导出差的时候还有哪些闻所未闻的"独门绝技"。征集完后石头一汇总，果然无所不用其极，不信你看看下面这些。

1. 带报纸杂志

有位读者小张，说他每次陪领导出差，都会带上报纸杂志。石头开始还有些不解，陪领导出差，我每次都是紧张得坐立不安，您老还有心情看报纸呢？

他给石头扫盲：带杂志报纸，不是我自己看的，那是给领导解闷用的。有些飞机比较老，没有娱乐系统，又不能玩手机，多闷得慌啊！一般我一上飞机，就掏出解闷的杂志塞给领导，"给您带了几本杂志，您消遣消遣"，每次领导都笑逐颜开。

石头恍然大悟：你还真是个人才啊！

他继续介绍：我带杂志还算简单的，有些人还会自带 iPad 啥的，甚至提前在里面更新一些电影。坐经济舱，可以提前准备好拖鞋、枕头、眼罩。当然，要根据领导个性斟酌考虑是否要提供这么贴身的服务。这才叫工作到位。

石头还能说啥，一个字，牛！

2. 提前查好航班时刻

有个读者小王跟石头讲了另一个有意思的出差小故事。

他刚到单位办公室不久，主要负责协调领导出行，订车票机票、安排车接送等。

一次，领导要出差，吩咐他按某某时间段定张机票，然后安排好送机的车。

他不敢怠慢，经过与领导反复沟通，确定了航班信息，安排好了送机时间，甚至贴心地在网上帮领导值好机，打好登机牌，领导"拎包出行"即可。

把领导送上去机场的车，小王松了口气，觉得大功告成了。

不曾想，过了将近一个小时，领导的电话来了，很不客气地说自己已经到了机场，但看到机场大屏显示航班晚点三个多小时，这下在机场等也不是，再返回单位也不是，弄了个进退维谷。

领导觉得小王办事不力，好一顿埋汰他。

这件事给了小王很大的教训。飞机和火车、汽车出行最大的不同，就是它极不靠谱。夏天它怕雷雨，冬天它怕风雪，春天它还怕沙尘，脆弱得很。

特殊天气状况下能准点起飞的时候凤毛麟角，晚一两个小时已经谢天谢地，晚三四个小时也是家常便饭，甚至时不时给你来个航班取消，让你没脾气。

相比领导坐火车、汽车出行，领导乘飞机给办公室同志增加了一项工作任务：时刻关注航班动态，及时调整出行安排。

做办公室工作的各位，手机里一定要下一个航班时刻软件，比如航旅纵横、非常准，石头比较推荐航旅纵横，这是中航信的官方 App，应该说是最权威的航班时刻软件。

领导出差的时候，及时关注航班动态，航班晚点了，就安排稍晚出发，别领导坐车到了机场，才发现航班取消了，白跑一趟。

或者是航班延误很久，领导却按时到了机场，等到天荒地老，憋了一肚子气，这都是你的工作失误啊，不削你削谁。

3. 记好团里同志的房间号

读者小马给石头讲了一条。他跟领导出差，如果同行的人比较多，每次都会跟宾馆要几张纸，把所有人的房间号写在纸上，复印几份，给团里的领导都分送一下，自己也留一张。

这个办法让石头觉得很妙，记好团里同志的房间号，一方面让领导有掌握全局、随时找得到队伍的感觉，另一方面如果领导要找谁，也能马上去房间找到那个人。

当然，现在手机微信用得多，你不用纸，用手机发个房间号的微信或者制作个图片也行。如果出行前就能确定房间号，做到工作手册里面，那就更完美了。

4. 提前把发票打印出来

读者小孟说他有个习惯，如果出差在外，第二天就要退房离开，他总会提前半天到前台结账，把发票打印出来，而不会等到离开之前再弄，以防时间来不及。

这点石头深有体会。之前石头有一次陪领导出差，就没有注意到这一点。离开的车已经在门口等了，领导们也都到了大厅，石头还在火急火燎地结账开发票，耽误了五分钟时间。虽然领导没说什么，但是这种情况其实还是很不妥当的，要尽量避免。

5. 不做拖油瓶

跟团出去旅游的时候，最招人烦的就是那种到哪都要别人等的拖拉团员。

早上要坐车出发了，他在房间里迟迟不下来；途中上个洗手间，他慢悠悠最后一个上车；参观结束往回走，他还赖在景点饶有兴致看来看去。

出差在外，千万别做这样的拖拉团员。吃饭速度要快，尽量赶在领导之前结束战斗。上车速度要快，先上车等着，等领导握手道别后车子就可以启动了。下飞机、下火车都麻利些，别大包小包托运一大堆，结果领导还要等你取行李，太尴尬了。

十一、送礼其实没那么重要

中秋节快到了，有些不甘寂寞的读者又开始躁动，纷纷给石头发来微信：石头石头，在线等，马上过节了，需要给领导送礼吗？送点啥好啊，快告诉我们！

看着这些求助，石头有点无可奈何。我一直觉得，在一些无良媒体不负责任的大肆宣扬下，职场送礼的重要性、必要性都被夸大了。不少职场中人甚至误以为，如果不送礼就要被领导穿小鞋，就要被打入冷宫。

这其实是一种认识误区。石头觉得，礼物只是润滑剂，是锦上添花，而绝不是一锤定音、雪中送炭。

对领导来说，部下工作干得如何，能否帮自己解决问题，气场是否相投，才是重要的，也是可以有礼物来往的前提。如果他根本不认可你的工作，根本就不认可你这个人，他接受你的礼物的可能性基本为零。

在干好工作、正常交往的前提下，有些礼物往来，聊表心意，才能达到加深感情、加深了解的目标。明确了这一前提，具体操作上我们可以注意以下这些事。

送礼分两种。一种是求人办事的谢礼，得有点分量；一种是联络感情的随礼，不需要贵重，心意到即可。

中秋送礼，就是节日联络感情的随礼，送的不是东西，而是态度，只要让上司感受到"我惦记着你，我是你的兵"的心意，效果就达到了，真的不用很贵重，甚至不用绞尽脑汁选来选去。上司看重的，是礼物背后的尊重。

虽然不建议你送太贵的礼物，但我还是要说，礼物的效果永远和价格成正比，越贵，就意味着你对他越重视。如果预算有限，有一个办法，选同类物品里品牌溢价最高、最上档次的。别想着像平时家里买东西一样追求性价比，而要追求没有性价比。举个例子，如果你的预算只有 500 块，可以买高端的派克钢笔，也可以买低端的皮鞋，那么派克钢笔的效果要远好于杂牌皮鞋。

送礼要有正当的"由头"，别人才容易收下，应节的食品、物品就是合适的由头。有人觉得中秋送月饼太老套，也没人爱吃，一点不实用，大错特错！如果撇开月饼这个由头，你的礼人家很难收下呀。所以，别觉得送月饼太俗，这是"规定动作"。至于月饼的选择，其实大同小异，主要看上司的口味，南方人偏爱广式、苏式月饼，北方人就绝对吃不惯苏式鲜肉月饼。需要注意的是，如果上司有糖尿病之类的身体问题，就要多个心眼，选无糖的月饼，让领导觉得"原来你还关注了我的健康，挺上心的"。

除了"规定动作"，还可以加点"自选动作"——搭配一些精美实用的礼物，比如中秋时令的大闸蟹券，家里经常用的西点蛋糕卡之类。特别不建议送生鲜类实物，既占地方，又容易腐坏，扔的时候还要考虑垃圾分类，最好以卡券的形式送，容易保存取用。

还可以结合上司自身的喜好，如果他爱喝茶，你就挑点好茶给他提过去；爱喝酒，带两瓶好红酒给他尝尝；喜欢电子产品，看看有没有什么新奇特的小玩意。

还有人喜欢挑稀奇古怪的工艺品，觉得冷门的礼物才能让人印象深刻。其实，除非你非常确认上司嗜好瓶瓶罐罐石头之类的东西，一般不要轻易尝试，对不喜欢的人来说，这些东西根本毫无价值。

不光考虑上司本人，也可以想想他的家人。比如，孩子上幼儿园的，可以送乐高、智能玩具；上小学的，可以送书包、点读笔、小天才；中学送智能手表……如果要给小孩子送书，优先考虑昂贵的成套英文绘本或原版书，上司可能平时也舍不得买的那种。他想拒绝的时候，你可以说，"这不是给您的，这是给 ×× 小朋友的礼物，希望 ×× 小朋友学习进步！"让他无法拒绝。

不太建议送土特产。土特产一般也都是那种占地方、容易腐坏，别人还不一定爱吃的东西。如果非要送，可以换个思路，考虑一下上司老家的土特产，"李总，上次去 ×× 旅游路过您家乡，看到 ×× 特产挺不错，带了点儿给您。"童年的记忆总是让人怀念，这样的礼物大概对他胃口。

尽量别在办公室把礼物给上司，这会给他很大的压力，大概会被拒收。尽量送到家里，或者塞到上司私家车后备厢里，寄快递也是个不错的办法。如果礼物小巧，可借单独汇报工作的时机，给上司送过去。

如果被拒绝了，该怎么办？有的上司会礼节性地跟你客气一下，"小王，太客气了，不用"。但你可以再坚持一下："也没准备别的，过节了，感谢您对我的栽培，就这点小心意，保证下不为例。"

如果你坚持后，上司态度还是非常坚决，那你就不要继续勉强了，按他说的办。不用觉得遗憾，你的心意他们能感受到的。

最后特别提醒一下：以上的做法，仅针对非体制内。如果你是在体制内工作，最好什么也别送，这才是对领导和你自己负责。

取而代之的，你可以在过节那天，给领导发一条短信，讲讲自己这段时间工作的进步和收获，感谢领导的帮助和指导，说两句真挚的节庆话，就足够了。

十二、单位人常见场景礼仪清单

前两天，石头晚上加班写完稿子，从13层办公室坐电梯下负2层地库。电梯里只有石头一个人，行至10层，"叮当"一声，电梯停下了，外面一位老者走了进来，看上去像是个领导的样子。

办公室干久了，出于"随时随地搞服务"的本能，石头主动问道："您是到1层吗？"老者瞅了一眼电梯键，笑了，"你到负2啊，我还真没注意，帮我按下1层吧。"

"好的。"我啪的一声按下一层，老者似乎因此对石头印象很好，主动跟我攀谈起来，最后还加了微信，一聊，才知道老者是外部门的一位负责人。

熟了之后，他才如实告诉我，"就是因为你帮我按了电梯，我觉得你挺懂礼貌、挺机灵。"原来如此。

这件事让石头觉得，掌握礼仪，做一个懂事明理的人，其实很简单，你只需要花几分钟了解规矩，带来的好处极大，甚至不亚于你花几年精进公文写作的技能。

一般生活场景礼仪大家都晓得，比如握手啊，鞠躬啊，但在单位上班的时候，在工作场景下，有哪些特殊的礼仪也需要我们了解和注意，注意了就能给我们加分，不注意就会给我们减分。

——坐电梯的时候别着急，讲究后进后出，无论上下都让领导先走。人多的时候除外哈，别一边堵在门口还一边喊着"领导，您先出！"门打开时自己务必第一时间迈出门、按着门，等领导出来。

——电梯靠内侧中间是好位置，把领导往那儿让。跑腿的小同志站在按电梯的地方就行了。进入电梯后，如有他人，可主动询问去几楼，并帮忙按下。

——别人给你递名片，站起来双手接着，然后认真看一遍，也可以把他的职务念出来，配之以钦佩的表情，以示重视。走的时候千万别把名片落在桌上，更别掉地上，太得罪人了。

——别主动跟女同志握手，如果人家比较大气，主动跟你握，也别双手抓着不放，有点猥琐。

——坐车的时候，让领导和客人先上，自己后上，一般车的右门为上、为先、为尊。主动打开车门，并以手示意，待领导和客人坐稳后再关门，千万注意关车门别着急，夹着领导的脚就尴尬了。

——有幸领导开车送你，记得坐在副驾驶，坐后排那是把领导当司机了，很不礼貌。但如果是男上级开车送女下属，为了避免不小心落下头发、口红引发误会，比较保险的是询问一下领导的意见，看看是否方便坐到副驾驶，不方便的话就到后排就座。

——经常去别的办公室串门是个好习惯，但记得先敲门，即使门开着也要敲。尽量别翻人家的办公桌，更别盯着人家的屏幕看。你在微信上撩妹子，或者上班时间上淘宝希望别人看见啊？

——除非特别紧急的事，午休时间别给人家打电话，上班的人就指望中午那会儿躺躺了。

——开会的时候手机记得调成静音或振动，万一领导正在讲话，你"最炫民族风"的铃声适时响起，那就太尴尬了。

——在饭局上，手机最好不要拿出来，更不要有任何竖起来拍照的动作。这方面引发的隐私惨案太多了，大家的神经都绷着呢。

——刚进入单位的年轻人，参加各类饭局，大部分时候，我们的职务和年龄都是最小的，落座的时候记得自觉坐到最差的位置，也就是靠门的位置或服务员上菜的位置。

——如果有职位更高、年龄更长的抢了"最差"的位置，可以先去请"抢"了你位置的人去坐更好的位置，如果他不愿意或者比较推辞，那你可以大方地和你方领导开着玩笑解围："领导，您坐这儿那我就只能找个缝钻进去了。您上座，我坐这儿方便搞服务。"

——如果是正常的公务活动，吃完要拍照留念，在征求对方同意的前提下，注意选好背景，不能以杯盘狼藉的饭桌、喝得酩酊大醉的人群等为背景，可选择墙面、窗外景色等为背景。

——跟领导们在饭桌上吃饭，你要时刻明白自己在饭局中的定位，大部分时候我们都是饭桌上的"服务员"。领导夹菜的时候，要人扶着转盘吧？领导茶杯里水不够，要人添吧？桌上的菜不够了，要再点吧？服务员上菜慢了，要人催吧？这些都比接话搞氛围重要。

——陪领导走路也是有讲究的，一般领导和客人在内侧，你在外侧"保护"。至于走在前面还是后面，具体问题具体分析。如果大家对环境不熟悉，你应该在前面引导；如果就是在你们单位楼下花园，那你就老老实实在领导和客人后面跟着。

——钱的事千万别拖，钱的事儿对绝大多数人来说都是第一敏感的事儿。谁把应该给我的钱给晚了，我就特别不爽，虽然嘴上不说。跟单位工作有啥关系呢？大概有两条关系，一是给领导报销，千万别拖，能多早报出来就多早报出来，领导等着呢。二是在单位跟别人借了钱，当天最好就还。上班的人都穷，更在乎这个。

说话：别被不会说话耽误了

chapter 3

<<<

一、汇报的重要，怎么强调都不为过

石头在《秘书工作手记：办公室老江湖的职场心法》里就苦口婆心地说，汇报很重要，干得好不如说得好。但是，就这么一句话，可能还是不能把汇报的重要性讲深讲透讲彻底。

作为办公室工作最核心的沟通动作，今天石头就来拆解一下，我们到底为什么要汇报。看完之后，你或许会出一身冷汗，或许会恍然大悟：哦，原来如此，好险好险，怪不得领导看我不顺眼。

1. 领导的精力和时间就是最大资源

以前我们说"酒香不怕巷子深"，有些人抱着这样的观点，认为"我的努力老天爷总会报偿"，"是金子总是会发光"，这些说法石头可以说绝对一点，完全是扯淡。

在办公室工作这么多年，你们可都看在眼里，领导每天多忙啊！从早上一来到办公室，一直到晚上，甚至到凌晨，不停地开会，不停地接待，不停地看东西，不停地有人给他汇报，不停地有人给他发短信，不停地跟上级通电话，一天可以说从早到晚都不停。

夸张点说，有时候一年到头，领导连自己的老婆孩子都见不上几面，你有什么底气，能指望领导看得见你，想得到你？

而且，换一个角度看，人的眼睛都是朝上看的，领导也还有领导啊。

他的八成精力可能放在对付自己的领导上，剩下两成在下级身上。就这两成精力，还被他熟悉的人、器重的人分走不少，他根本没有精力，也没有时间注意你。让他主动注意你，不可能，也不现实。

对你来说，领导的精力和时间就是最大资源，你也没有必要等着撞大运，必须主动去曝光，主动把自己曝光在领导面前，主动去展示，去占用领导的注意力，所以，你需要汇报。

这一点，得到总裁脱不花有个观点非常精辟，她说："上级时间少，但信息多、资源多；你时间多，但信息少、资源少。沟通一定遵循两个原则：谁资源匮乏谁主动沟通，谁比较痛苦谁主动沟通。**所以，和上级的沟通一定是由你发起，别等他找你。**"

是不是说得很明白了？

2. 领导需要掌握情况

这个比较好理解。领导力来源于哪里？领导力其实是来源于对信息的掌握。领导他靠什么做决策？为什么他比你决策得要准确？为什么大家听他的不听你的？

因为"信息即权力"，掌握某种特定信息的人依然在组织内拥有独特的价值。领导的信息来源多，他站得高，各种渠道不停地给他输送信息，他才能做出判断决策。

领导最怕的是什么？最怕的就是两眼一抹黑。

你可以想象一个场景：你办公室有四个人，另外三个人天天结伴吃午饭，周末一起打球，就是不跟你说，你害不害怕？你希不希望掌握他们到底在干什么？

领导和你也是一样的，领导也想掌握这个。如果你是一个领导，天天看着下属在办公室忙来忙去，交头接耳，有时候还熬夜加班，但是你不知道他在干什么，是不是很吓人的事！你可能会想：他是不是在密谋反对我，还是在密谋架空我。这就是领导最怕的事情，两眼一抹黑。

掌握情况对一个领导真的很重要。领导通过什么来掌握情况？当然是通过部下源源不断地汇报，不停输送信息来掌握情况。我们首先要理解领导需要汇报，那要从这个角度来理解。

3. 领导乐于把控进度

既然走在众人的前面，领导当然希望自己有控制力，有决策力，甚至希望自己是英明的，伟大的。怎么体现有控制力？怎么体现自己是一个英明伟大的领导呢？

很明显，主要靠一个动作，就是作指示。你给领导请示了，你给领导汇报了，领导帮你指点指点，这就叫作指示。

比如说领导让你编一个学习手册，你自己觉得你是学美术的，还学过设计，特别具有美学鉴赏力，什么都会，于是直接就把内容编好，直接把封皮弄好，直接把册子印出来，拿到领导面前，这是好事还是坏事呢？当然不是好事，都印出来了，领导的水平怎么体现呢？

方案出来了，初稿出来了，拿给领导看一下，领导作指示：字体换一个！颜色从红色换成白色！用的纸再厚重一点！

在这个过程中，他体现了自己的决策力和领导力，体现了水平，体现了比你高明的地方。如果没有你的汇报，这些恐怕都无从谈起。

4. 让领导感到被尊重

我们还是采用换位思考的办法来说明这一点。你觉得在平时的工作中、生活中，什么样的人尊重你，让你感到亲近呢？是不是有事没事跑过来跟你聊两句，逢年过节也互相送点东西，没事给你发几个黄段子，自己找男女朋友都带着你一起把把关，这样的人让人感到亲近、尊重和舒服呢？

天天都不理你，见到你擦肩而过，连个笑脸都没有的人，你觉得他尊重你吗？不可能觉得他尊重你。

领导也是一样，他会觉得，有事没事过来说两句话，事事征求意见，问问想法的人让人舒服又靠谱。利用工作的机会，就是汇报，跟领导多交流，用十分正当、冠冕堂皇的机会，工作上的机会让领导感受到你对他的服从、关心和尊重，这个真的是非常重要的。

5. 要规避风险

规避风险，形成连带责任，其实也是汇报非常重要而又常常被人忽略的一个功能。

我们都知道，对于一些有争议、有风险的事，你向上汇报，其实是在保护自己，其实是在确定你跟领导共同对这个事承担一种连带责任。我们有时候要善用汇报，来把你自己和领导绑在一起，不要什么事都傻呵呵地自己扛起来了，到时候天打雷劈只劈你一个人。

比如有些事，条款规定得不清不楚，也没说让干，也没说不让干。那到底干不干呢？这个时候最好跟领导汇报清楚：领导，您看这个事能干吗？领导说让干，咱就干，领导的应允就是事情执行的依据。这样你工作犯错的风险就会小很多。

最后，请各位看官往身边看看，是不是你们单位发展快的人往往都是在单位比较活跃，在领导面前晃来晃去的？肯定是这样，这就提示我们很重要的规律：汇报极端重要，甚至，它就是你工作的全部。

二、内向者的汇报也可以很牛！

这两天石头翻一本书，看到一个关于性格的观点，觉得很有道理：

区分一个人是内向还是外向，并不是看话多还是话少，安静还是躁动，这都是表象。

有一个更深层次、更本质的标准，那就是，外向的人，与外界相处是充电。也就是说，他们本来已经累得不行了，去外面社交一番，参加几个饭局，跟大家一起吹吹牛，就觉得是一种放松，是一种休息，马上又变得精力充沛了。

而内向的人，自己独处的时候才能充电。也就是说他们累的时候，如果你再让他们去参加饭局，跟大家吹吹牛，只能让他们更累，筋疲力尽。

只有他一个人把自己关在房间，安安静静地待着，甚至什么也不做，抠抠脚，吃点儿零食，这才是真正放松，他们才能变得精力充沛。

这话说到石头心坎里了。

有的人说内向和外向只是性格不同，没有优劣之分。这话虽然让包括石头在内的内向分子听了很舒服，但这却不是事实。

内向的人可能会很聪明很幽默，充满了不起的想象力，比如内向的人特别适合当作家，搞一些艺术创作。

但对于职场，尤其是体制内职场来说，内向绝不是一个优点，而是一个明显的缺点。

因为一般来说，在单位沟通往往是由下属主动发起的，内向的人往往怯于主动发起沟通，和领导沟通的机会就会越来越少，领导对你的了解也会越来越少，这样，提拔的机会肯定也是越来越少的。

以职场最重要的动作——汇报来说，对于外向性格的人，跟领导汇报是顺其自然的事，甚至是特别开心的事，逮着领导他就想聊几句，不聊内心犹如猫抓，难受啊。

但对具有内向性格的人来说，每次汇报都是一种煎熬。

从动了汇报这个念头开始，他就开始受到煎熬。先在办公室里受煎熬。到底去不去呢？有没有必要呢？要不算了吧。

然后在走廊里受煎熬。到底去不去呢？有没有必要呢？要不算了吧。

然后在门口受煎熬。时机对不对呢？有没有人看到我呢？要不算了吧。

最后进了屋也受煎熬。领导好像没啥反应啊？我怎么往下说呢？要不赶紧结束吧。

汇报，对内向者来说成了一种极大的损耗，甚至让人筋疲力尽。石头也是这样的人。

但问题是，如果你屈从于这种性格，你就很难享受到汇报带来的好处，享受到沟通带来的益处。

正如石头经常挂在嘴边的汇报第一定律：你汇报的次数，永远少于领导对你的期望。

不汇报，不经常汇报，你吃的亏就太大了！

从工作的角度看，假如你不经常跑去说说，领导如何了解你的工作进度，如何及时给你指派新的任务，或者及时修正呢？

从人性的角度看，领导判断下属是否尊重他的一个重要标准便是下属是否经常向他汇报工作，他最怕的事就是部下撇开自己单飞。你不汇报，他作为领导的作用和威严往哪里放呢？

解决的根本办法，当然是从认知上做出改变，告诉自己，聊聊天怕什么，没那么多人在乎我，别人并不关心我，我太关注自己的感受了。尽管放心地去汇报吧！

但石头也知道，这是很难的事。

如果把自己逼得太紧，非要强迫自己隔段时间就跑到领导办公室去汇报，这样很容易半途而废，进而陷入更严重的自我否定。

明智的策略是，从自己能接受的程度做起，享受到汇报和沟通的快感和好处之后，再去进阶。

怎么从自己能接受的程度做起？

核心点在于，汇报的形式多种多样，千姿百态，每个人都应该，也一定可以找到自己擅长、能够接受、特别适合的那种汇报方式。

石头特别喜欢观察不同领导给他的上级汇报时采用的策略和方式，同样都是领导，同样都善于汇报，同样都是高手，但他们的汇报方式各有特点，带有鲜明的个性。

——有些特别善于当面沟通，三天两头敲开领导办公室的门，动不动就跑去说两句：领导，我又来了！领导，耽误您两分钟！这当然很好。

——有些没那么爱往领导那里跑，而是喜欢发朋友圈，自己做了一项什么工作，完成了一项什么任务，都在朋友圈加以宣传，抒发情感，讴歌单位，这当然也可以。

——有些特别喜欢发微信，还经常给领导转一些有意思的微信文章，甚至段子。

——有些则长于写作，善于拿出系统深入的书面汇报，隔段时间就给领导递上关于某某问题的思考和建议，或者关于某某工作的总结，关于某某事项的报告，从深度上震撼领导，这也是不错的。

这些领导启发我们，如果你内向，真的不一定非逼着自己脸红脖子粗地跑到领导屋里，面对面地相视不语，完全可以先从多发短信、微信或交报告这类间接汇报做起。

间接汇报本质上是一种间接和滞后的交流方式，你可以深思熟虑，可以遣词造句，可以查百度，可以求助场外热线，都可以。

当你觉得某事有必要汇报，又纠结害羞不敢去汇报的时候，石头真诚建议，你可以慢慢酝酿情绪，编写微信短信，想写得多肉麻就写多肉麻，就当是写情书了，然后只在发出短信的那一瞬间红红脸就行了。

如此，汇报的难度就大大降低了。

害怕当面说，多发发微信短信总做得到吧？

对内向者来说，汇报或许不是一种本能，但它可以成为一种技术或技能。

既然是技术，就有由易到难逐步熟练的过程，每个人的技术特点也不一样。

就像踢足球，有的人善于单刀赴会，直插对方禁区，有的则是场外任意球高手，经常弧线吊进对方大门。管他呢，只要球进了不就行了吗？

当你因为勤于汇报不断收获正反馈，继而将汇报和沟通内化为一项如骑自行车，或者用筷子那样的技能后，汇报这件事就变得简单而美好了。

三、经常给领导汇报思想是怎么做到的?

工作时间长了，石头发现一个秘密，汇报和汇报，看起来有点像，其实根本就不是一回事。

石头这种直男，只知道一种汇报，务实的汇报，也就是俗称的汇报工作，有工作了就汇报，没有工作就不汇报，虽然也能讲得头头是道，领导频频点头，但似乎总觉得哪差了点儿意思。

后来见识多了，悟出一个道理：哦，除了务实的工作汇报，还有务虚的思想汇报啊，我怎么就从来不知道给领导汇报汇报思想呢!

有些人这方面抓得好，动不动就跑到领导办公室汇报思想，还谈笑风生。别小看了思想汇报，它的有些好处是工作汇报比不了的。

比如，不受层级约束。汇报工作，得按层级来，你不能越过分管领导去找大领导汇报，否则可能被穿小鞋。汇报思想则无所谓，大领导乐于跟我谈心谈话，谁也管不着。

汇报思想，还能拉近心灵的距离。人都是感情动物，总会对亲近的人更好。一直公事公办，总感觉双方还是不放心不托底，思想一汇报，才感觉两个人是真正站到一块儿了。

石头曾经问办公室顾问团里的老部长，你们当领导的到底喜欢不喜欢别人给你汇报思想啊？老部长回答很肯定：**别人来汇报思想，会有一种成就感，这种互动多了，就会增加心灵的沟通，感情的交融。**

你可能要说了，都知汇报思想好，奈何我做不到啊，汇报工作已经是鼓足勇气了，而且汇报工作怎么说也有个由头，思想这东西，到底怎么汇报啊？

1. 利用合适的引子

"领导，我想跟您聊聊，您这会儿方便吗？"无法想象，汇报思想能以这样的形式开头，太突兀了，太刻意了，如果是异性领导，说不定还会以为你动了真感情，这样不好。

石头强烈建议，汇报思想不能像汇报工作那样平铺直叙，必须要有一个契机，借着什么事情去找大领导，顺便把思想汇报了。

说完工作之后就是个好时机。正事说完了，文件签完了，"我最近工作上也有些心得体会，特别是×××"，"顺便"汇报起最近的思想动向，就比较自然。

还有，领导安排你出差、培训，借着给他汇报学习体会的由头，谈起最近思想上的一些动态也比较自然：领导，您安排我去参加的××培训结束了，收获很大、受益匪浅，我给您简单汇报一下！

还有，过完节、放完假、旅完游，你惦念着领导，给他带了点伴手礼，趁着没人的时间，借着送到办公室的机会，"顺便"坐下来聊两句，也会比较自然（见图3-1）。

图3-1　经常给领导汇报思想是怎么做到的

总之，汇报思想最好别太突兀，得师出有名，有个合适的引子，这就看大家的创造性和能动性了。

2. 什么是思想

汇报工作是就事论事，把事情说明白就行，内容上比较好把握，但到底什么是可以汇报的思想，就不太好把握了。据石头观察，比较适合跟领导们拿来汇报的思想，主要是以下几种。

——整体工作情况。虽说是汇报思想，但你跟领导的根本连接点还是工作，所以从工作入手汇报思想还是最合乎情理的。需要注意，这时汇报的工作情况，宜粗不宜细，可以主要说说近期工作的整体情况，"最近是总结季，稿子比较多，基本都是加班加点，这个月我初步算了下，总共写了××篇稿子"之类。

——成长和体会。通过辛勤工作，自己在能力上、思想认识上有哪些进步，"最近感觉自己文字能力提升不少，也养成了每天读党报的习惯，理论水平也有所长进"之类。

——感恩感谢。感谢领导的信任，给创造了工作机会，平时也多加指点，让你在某项工作上茅塞顿开，少走了不少弯路，一直感恩在心。

——体恤认可。领导那么忙，担子那么重，要操心那么多事，既要观全局，又要抓落实，真的是很不容易。大家对领导的工作都很认可，评价很高，部分人不理解领导的决策，那也是纯粹因为他站位太低、格局太小。

——想不通的问题。领导都喜欢好为人师，如果你提出某项工作自己不解，或者某件事拿不定主意，希望领导指点一二，他也必然乐意给你一些人生的经验、指导和教诲。

——钦佩服气。也可以举几个领导处理急难险重问题的例子，处理得比较出彩的工作，谈谈自己的体会和认识，表明下属对领导工作的钦佩，甚至崇拜。比如，"我看了您前不久在××日报发表的文章，逻辑清晰、用词考究、观点新颖，我们真是几十年也赶不上"。

3. 提条件要慎重

汇报思想容易进入一个误区，以为汇报思想就是提条件，就是要职位。所以有些人平时从不去汇报思想，到了提拔前的节骨眼上了，想起来了，赶紧跑去汇报思想，张口就提条件，效果可想而知。

石头觉得，汇报思想最好就是真的汇报思想，不需要领导动用权力和资源去帮你解决什么问题。一旦你提条件，风花雪月就消失了，领导的压力就大了，这思想还汇报得下去吗？

如果形成了习惯，但凡你跑去汇报思想，就是给领导添麻烦，增加难题和压力，长此以往谁也不想听你汇报思想，甚至是避之唯恐不及了。

相反，思想沟通得充分了，关系到位了，不用你说，领导也自然会想起你，甚至主动问起你。思想汇报不到位，说了也白说，还容易引起反感。

四、天天汇报却愈发不受待见，问题出在这里

石头一直是汇报第一定律的坚定支持者，第一定律说的是这样一个道理：你汇报的次数永远少于领导对你的期望。

不少人把石头的话听进去了，但随后又碰到了新问题，以至于对定律产生了怀疑：石头，你这什么破定律到底是不是蒙我的，你二舅妈告诉你的吧，不管用啊！

比如，前几天有位外省兄弟在微信上跟石头哭诉，说：石头啊，你可把我给害苦了，我毁在你手里了！

石头吓一跳，自己啥时候做出这种伤天害理的事了。

他说：我听了你的汇报第一定律，啥事儿都往多了汇报，前几天终于把领导给弄烦了。

领导私下说我没水平、没担当、没主意，什么芝麻粒小破事儿都找他说，烦死他了。

你说，你这个定律是不是不成立啊？你说，你是不是耽误我走向人生巅峰了啊？

石头很淡定，不承认定律站不住脚。只是问他：你先说说，你的这个事情是怎么一回事吧。

原来，这位兄弟是市里某局的一名科长，手下管着四五个人。

由于刚上任，他急于在局领导面前表现自己，所以就老想着找分管局长汇报工作，以实际行动践行汇报第一定律。

前不久，他连着找分管领导汇报了三次工作，本以为至少应该成了领导的贴心小棉袄，不曾想，领导一次比一次不耐烦，直到第三次对他忍无可忍。

当然，领导是有涵养的，当时也并没有情绪外露。他只是后来听到局办的人悄悄跟他说，那位分管局长在某个私下场合说他工作能力不行，什么小事都没主意，也很没眼色。

石头问他：那你说说，这三次你都汇报了什么事儿啊？

他说：第一次，是局里举办演讲比赛，每个科室都要报名参加。经过认真选拔，我挑出了一个人，于是我就把这个人的情况向分管局长进行了详细汇报。局长当时特别忙，我在他门口等了好久，连续上楼六七次，才等到了向他汇报的机会，而且好像还打断了他的午休。

第二次，情况也差不多，是局里办党建知识竞赛，我也是精挑细选选出了一个好苗子，然后在门口等了两个钟头，终于捕捉到机会，把这个人的情况跟局长作了详细汇报，而且好像还影响了领导吃晚饭。

第三次，是市里要从局里抽调人去参加义务劳动。经过我的反复分析，终于确定人选，我也是在往局长办公室跑了六七次之后，终于逮住了他，把情况和前前后后的考虑进行了认真汇报，而且好像还打扰了他接电话。

石头一听乐了：兄弟，你可真实诚啊！

　　笑归笑，说到底，石头坚持不认为这是汇报次数太多的问题。于是帮他前前后后分析了一番。

　　这三件事，你去说了领导嫌你烦，你不去说呢，你试试看，保不齐最后科室演讲比赛没得奖，领导的板子就要打在你屁股上：咋搞的，选的什么歪瓜裂枣！也不跟我汇报让我来把把关！

　　石头觉得，出现这类问题，是这位兄弟没有掌握汇报的另外一个重要方面——汇报的形式。

　　这三件事虽然都很小，但石头认为还是有必要跟领导做汇报。问题不出在你跟领导做了汇报，或者说是领导不想听这种小事的汇报，而是说你选错了汇报的形式。

　　汇报有很多种形式，最常见的就是当面和领导做正式汇报，这种汇报效果好，领导印象深，值得鼓励。

　　但是，这种汇报形式一般适用于重要、复杂、紧迫的事项。并不是所有事都一定要坐下来，和领导推心置腹谈，才叫汇报。

　　汇报形式是多种多样的。既有正式当面汇报，也不要忽视一般性通报、顺带提一句、发短信、打电话、集中汇报、紧急汇报甚至俏皮的汇报。

　　对于不太重要的事，不涉及重大决策的事，比如这位兄弟遇到的科室内选拔一个人去参加局里的活动，或者是去参加市里的义务劳动，我们可以对领导做一个一般性的告知或通气，而不要整天缠着他汇报。

　　比如，发一条短信，说："领导，我们接到通知，请我们科选拔一个人参加局里的党建知识竞赛。经考察，某某某同志党建知识比较扎实，学习意愿较强，拟推荐其参加知识竞赛。此事向您报告妥否，请指示。"领导可能就会给你回短信："好！"这就是一般性的告知。

　　再比如，对一般性的告知，还可以在跟领导汇报正式的重大的事项之后，一次性地把积攒的几个一般性告知事项向领导统一作一个通报。这样不会漏掉应该向领导汇报的事项，又不会把领导追得上气不接下气，造成审美疲劳。

也就是说，汇报第一定律没问题，但是除了汇报的次数，汇报时我们还有其他的东西需要选择斟酌，比如汇报的形式、汇报的时机、汇报的内容组织。

有的汇报需要你铺开笔记本皱起眉头，一本正经地当面向领导说清楚；有些汇报，甚至需要你召集一大帮人放出 PPT 激情澎湃地讲解；但也有些汇报，只用你轻描淡写地一笔带过。

有些汇报你可以不管不顾，即使有人在领导屋里密聊，你也可以破门而入；而有些汇报你需要耐着性子，等等再等等。

有些汇报，你需要一本正经、正襟危坐、不苟言笑；也有些汇报，你可以嘻嘻哈哈，甚至开句玩笑。

比如领导关心下属，把家里寄来的土特产苹果分给办公室的同志们吃。那吃完之后是不是要汇报一下，感谢一下领导的关心呢。

这种汇报你能一本正经吗？明显不合适。这种时候，就把领导当成普通人，笑嘻嘻地打个哈哈，开个玩笑，说：领导的苹果真甜，把我们都吃胖了，谢谢啦。这样就挺好。

汇报是复杂的，需要综合考虑紧急程度、复杂性、决策的困难程度，甚至领导的个人习惯、性格、身体状况等因素。不太像简单的加减乘除，更像是复杂的方程运算。

不动脑筋只背公式，肯定做不好题。公式要背会，也要能掐会算，最后才能得出正确的结果。

五、汇报的细节，不懂你就亏大了

如何给领导汇报，是个常讲常新、永无止境的话题，除去汇报的内容、形式之外，有时候汇报的细节也会极大影响汇报的效果，甚至很多时候比汇报内容本身都重要。

石头曾在冯唐的书上看到一个小例子。

冯唐说，他原来有一个领导，是一个脾气比较大的胖子，经常因为自己胖要减肥，所以总是处于一种有点低血糖的状态，血糖一低，大脑就缺少能量，他的这位领导于是一天从早到晚都不太开心，下属汇报啥事都爱发火。

冯唐的办法是每次跟这个领导汇报的时候，总是带一大包果仁，带些很好吃的茶点，摆在他面前，然后把这个袋子给他撕开，他自己吃一点，然后领导吃一点。领导的血糖升高了之后，每次汇报的状态和效果就好了很多，从极端易怒变得有说有笑。

这就提醒我们，跟领导汇报，事情本身当然很重要，但是关注事情背后的人，把握好汇报的细节，也同样重要。

1. 汇报的时机

如果你是一般性的工作汇报，时机或许没那么重要，瞅着早上一上班或者领导在办公室赶紧过去就行，毕竟汇报这事宜早不宜迟，要有等不起、坐不住的紧迫感。

但如果你是有事求领导，或者是想跟领导谈谈心，郑重其事、推心置腹地汇报某事，时机就很重要了，甚至直接会影响事情的成败。

瞅准他比较闲的时候去。领导特别忙、会特别多、门前排队的人特别多的时候，你就别跑去添乱了，领导也没心情听你哔哩哔哩。瞅着哪天他办公室门开着，里面又没人，他正悠闲地看报纸或上网的时候，溜进去郑重其事地跟他做一次汇报。快下班的时候，一般人少，领导相对放松，也比较适合汇报。

瞅准他心情好的时候去。领导刚被他的领导隆重表扬，上面流传出领导可能要被重用的小道消息，单位或个人刚得了某某奖项，或者领导家的小孩刚考上重点高中，他高兴地哼起了小曲，那这个时间是汇报的好时机，切莫错失。假如你上午刚听说领导家小孩高考考了200多分没学上，他正有一股无名火要找地儿发，那你千万别去自投罗网了。

有时候人的身体状态也会影响心情。午睡的时候、困顿的时候、生病的时候，都不是汇报的好时机，尽量避开。

如果已经跟领导电话或者短信约了时间，也别踩着点儿到，万一中间出岔子耽误了，搞成领导等你，那罪过就大了。一定要提前到，提前5～10分钟，在那等着领导。

2. 拿领导要求开头

关于汇报主体部分如何出彩，石头在《秘书工作手记：办公室老江湖的职场心法》里已经给大家介绍了不少做法，但有两个细节遗漏了，那就是关于汇报的开头和结尾，这里面也很有学问。

一个好的汇报，不是上来就说事，而是要先引起领导对你汇报的兴趣。为啥要给你汇报？不是我吃饱了撑的，而是有来头、有依据的！

"领导，您上次指示的××事，我们按您要求落实到位了。您方便的话我给您汇报一下！"

"领导，您上次在××会上强调××，我们下去马上按您说的在推。占用您五分钟，给您汇报一下。"

这样拿领导的指示和要求来开头，一方面能引起他的兴趣，另一方面表明他说话管用，大家都很重视，一直在抓落实，领导心情马上大靓。

3. 非常热情、非常有活力

跟领导汇报的时候，表现得非常冷漠，或者是麻木，就不能激起领导对你以及你汇报事项的兴趣。

眼神要表现得热切一些，他有什么指示，是是是，您说得对，要不停地有反馈，这样跟领导说起来才有意思。领导说了半天你连句话都没有，那领导还有什么兴趣跟你交流？

有一个表明自己态度积极的小动作，那就是带着笔记本，随时做记录。把领导的任何指示都记下来，不停地在纸上写，表示重视。有时候临时的汇报也要带笔记本，找不到笔记本，抓一张纸，抓一支笔都行，不能两手空空地去。

还有，领导作指示的时候，你不能打断他，他正说着，假如你有什么要解释的，至少等他把那句话说完，你再说。

4. 注意仪容仪表

前面石头讲送文件的时候，也说到过仪容仪表的问题，其实送文件也算是汇报的一种，对仪容的要求也是通用的。

石头曾见过一位领导，每次去大领导那儿汇报或者参加有大领导出席的会议，总要洗头理发，再用吹风机把头发吹起来，看上去容光焕发、精神百倍，这种面貌谁见了都会受感染，心情好了，事情就会办得顺利。

坐姿上也不能随波逐流，曾经就有领导跟石头吐槽，"你看某某，到我办公室坐没坐相，他还以为他是在自己办公室呢。"在领导屋里坐沙发，最好还是坐半个屁股。不要整个人都靠在沙发上。屁股坐半个，身体往前倾，表现出一种恭谦和倾听的姿态。

这些细节性问题很重要，注意不好，有时候甚至可能影响整个汇报的基调。

六、当众发言，别搞错了重点

小萝卜头跟大领导离得远，接触的机会有限，每次都要牢牢把握住，当众发言，就是一个极端重要的机会。

你平时吭哧吭哧工作，领导未必看得到，起码大领导看不到。但有单位大领导参加的座谈会、学习会，领导必须耐着性子把你这个无名小辈的话听完，无疑是个展示自己的难得机会，宁可先把手头的工作放一放，也要积极参与，认真准备，踊跃表现。

不知道你们听说过没有，石头总听说这样的传说，说有些人就是一次发言讲话被看中，觉得不错，然后进入领导视野的。国家行政学院原副院长周文彰有句话很经典，他说，把每次讲话发言当成一次机会，要讲，就要尽量讲好，为的是让自己表现好，让别人有听头。

石头深以为然。**在领导面前当众发言，就是一个公开公平的赛场，谁准备充分，谁肚子里有货，谁讲得好，谁就能出彩，领导就对谁印象好。**在这里不用考虑七七八八的事，有多大本事就使出多大本事，公开发言就是这样的舞台。

所以，在大领导面前当众发言，要追求讲出特色，这是很多人苦恼的事，也是一项颇具技巧的事。

对于不太有语言天赋的人，俗称"嘴笨"的人来说，如何在短时间内组织好自己的即兴发言，达到"至少不减分、争取要加分"的效果，石头早就写过文章，概括为"四个有"：有准备、有态度、有说法、有爆点（见下文）。

发言效果如何，当然要看讲的内容，但排在内容之前的，还有一项更重要的事，那就是对象。

你到底是想讲给谁听？你到底是想打动谁？只有讲与听众有关联、让他们感兴趣的话，才能抵达你讲话的目的点。

就像射箭一样，你心里的想法、手上的动作与眼中的靶子要协调统一，这样才能直中靶心；如果不看靶子，你的动作再标准、再潇洒也没有用；反之，你只顾着看靶子，忽视了自己手上的动作，也不可能射得准。

在领导面前当众发言的真谛其实是，在这个宝贵的场合，你有没有把所有力气集中起来，都用来打动你最想打动的那个人，会场上对你来说最重要的那个人。

不少人当众发言，陶醉在自我感动中，主题围绕着"我"，或者"他"，讲得精彩是不错，但明显没有抓住讲话的主旋律，箭放出去不少，但没有对准靶子，没有打动你想打动的那个人。

在领导面前当众发言，那当然就是要打动领导。

打动领导有很多方式，讲出真知灼见，讲出干货，对领导有所启发，让领导刮目相看是一种。

但这确实有点难，谈出真知灼见，对个人能力、业务熟悉程度、研究问题的深度都有很高要求，想每次都谈出深度，难。

多说说、多点点你想打动的人，也就是领导，是一种操作简便、行之有效的策略。

每次提意见的时候，都有人说领导我给你提个意见，你整天为了工作不顾身体这不好。

你以为这很恶心人，可问题是你发现这么恶心的话，现实中真的有不少人给领导说，而且领导还很吃这一套。

拥有大智慧的人，也很难抵挡好话的侵蚀。

历史上因为爱说好话吃亏的人，我还真没见过。

连马克·吐温这个以匕首和投枪闻名的作家也说过，"一句美妙的赞语可以使我多活两个月"，没人不吃这一套啊。

当众发言这件事，在开口之前，先瞄准，这就是石头想强调的那一点。

附：当众发言的"四个有"

第一个有，是有准备。

所谓即兴发言，当然就是事先不告诉你需要发言，会开到一半儿又突然把你叫起来，非说让你也谈谈看法。但是，即兴的背后也可以是不即兴，对会议主持者来说，他是即兴叫你，但你不应是猝不及防、毫无准备。

对于一些会议，你应当在会议开始时就考虑到发言的可能性，尤其是一些学习会、座谈会、征求意见会、内部员工会。会议开得团结热烈，主持的领导很可能兴致所至，依次把躲在后排的小同志们叫起来，听听他们的想法、体会。

所以开这些会，你不能一直把自己摆到纯听众的位置上，会议开始了，脑子就要转起来。一方面，对于发言人讲了什么，竖起耳朵听，拿起笔来记，为之后的发言积累素材；另一方面，初步进行构思，考虑可能要针对什么问题发表看法，讲哪些内容。如此，别人的即兴发言，到你这儿却成了深思熟虑的讲演，效果肯定截然不同。

第二个有，是有态度。

有态度为什么放在讲话的最前面？首先，这一部分往往放在开头讲，它会奠定你发言的基调，一开口，你表现出的是怎样一种姿态，是咄咄逼人、浮夸自大的，还是谦虚谨慎、恭敬有礼的，就取决于发言的表态部分。其次，表态部分容易掌握，有现成的模板可以套用，不用动脑筋，站起来就能说，可以为你的思考赢得时间，同时缓解紧张情绪。

那么，我们该表什么态？怎么表态？石头觉得，表态，可以套用"感谢＋自谦＋认同"的模式来进行。

感谢，这是一开口首先要表达的意思，感谢领导给我发言的机会，感谢组织创造这么好的平台，感谢之前同志们的发言，我受益良多，等等，先把场内的关键人物点名问候一遍，讲起来没什么难度，还能赢得大家的好感：这小子不错，很有礼貌。

自谦，为的是把调子定得低一点，塑造一个谦虚好学的形象。在前面发言，就可以说"下面我抛砖引玉，请大家批评"这类的话；在后面发言，就可以说"对这个问题我的思考没有大家那么深入，简单谈下自己的看法，说的不对还请大家包涵"之类，总之都是些放低身段、毫无内容的套话。

认同，就是表扬别人，肯定他们的发言或做法。比如，可以表扬个人，"前面几位同志的发言主题突出，生动形象，我听了很受启发，尤其

是 ×× 讲到的 ×××，×× 提到的 ×××，都说得十分到位"，或者，也可以表扬组织，"对这个问题，我们处高度重视，第一时间组织了研讨，在大家的帮助下，我的认识进一步深化"等等。总之，认同的表态，表明你很合群，整个单位藏龙卧虎、朝气蓬勃，在这种氛围的影响带动下自己才有了一些长进。

这三个层次的态度表下来，套话说下来，时间怕是没有五分钟也有三分钟，场子已经撑起来了，大家听得乐滋滋不说，你也早已把狂跳的心按捺下来，有理智和心情思考一些实实在在的东西了。

第三个有，是有说法。

毋庸置疑，前面说的"有态度"，本质上还是铺垫性质的，重要发言的主干和重心还是应该在这个"有说法"上面。什么叫做"有说法"？经常写稿子的同志们可能比较有心得。

把一件事平铺直叙下来不难，把几个层次的逻辑内容依次表述下来也不难，难的是用一句话或几句话把你整篇文章表达的重心思想凝练出来，这个凝练出来的一句话，比每个部分的标题更简短的，高度概括的、朗朗上口的、文辞优美的"专有名词"，旗帜性的、标题式的东西就是所谓的"说法"。

举个大家都比较熟悉的例子，"四个全面"就是个说法，由它展开，可以概括习总书记治国理政的主要思想，内容浩繁；"五位一体"也是说法，把我们党对经济社会文化等各个领域的观点都囊括其中；"五大发展理念"也是说法，概括了共产党人关于发展问题的全部观点。

有说法的好处在哪？石头觉得主要在于两点。一是逻辑性强。你的发言如果先把"说法"确定下来，脑子就能始终保持清醒，不会说着说着乱掉了、跑偏了，听众听起来也很清晰，一是一，二是二，跟得住你的节奏；二是醒目、好记。你巴拉巴拉讲半天，内容太多，别人不一定能得要领，如果能提炼一个朗朗上口的说法，效果就完全不同了，别人只要记住这个说法，大概就能记下、忆起发言的大致内容，印象肯定更深刻，否则我们的领导人为什么这么看重理论上提出一个说法呢，因为这样才能入耳入脑入心啊！

一旦有了说法，即兴发言的逼格马上就提高了。至于怎么总结自己的说法，大家可以到各种口号、标题里去找灵感，也可以参考石头《秘书工作手记2：怎样写出好公文》一书中"如何做亮标题"这节内容。

前几天石头参加博士新生班会，被要求做自我介绍。石头想来想去，该用一个什么说法呢？想到既然是上学，主题还是学习，于是用"三个学习"为说法做了个自我介绍。石头说，来读博，一是要向书本学习，多看些书；二是要向老师学习，多从大师身上汲取力量；三是向同学们学习，大家基础都比我好，请平时多指点。效果不敢说多好，总体还是过得去，说法有了，就容易展开了，环环相扣，逻辑性也很强。

第四个有，是有"爆点"。

何为爆点？即兴发言中的爆点，大概就类似相声中的包袱，电影中的高潮。态度有了，逻辑有了，如果能在适当的位置甩出几个预备好的包袱，就能给听众更强烈的刺激，听众就会更兴奋，印象也由此愈发深刻。有爆点的发言，才能说得上是比较精彩的发言。爆点也不止一种类型，有的因幽默而爆，有的因深刻而爆，有的因尖锐而爆，有的因煽情而爆。

至于如何设计自己的发言爆点，在什么位置埋伏爆点，石头觉得因人而异，还是得挑自己擅长的来，有时候还需要一些灵感。石头素来还有些幽默感，所以在设计"爆点"的时候，一般是在"笑果"上下功夫，处心积虑地希望在发言中有那么几个点能引发大家会心一笑。

继续拿前天石头做自我介绍举例，开口之前石头就想好了两个包袱。一个在最前面抖：石头学号很顺，000868，可以做做文章。所以石头自我介绍说，"我就是那个名单上学号最吉利的同学，今天有个同事看见我的学号，还问我是不是花钱跟教务那买的，我说真不是，绝对没搞不正之风，这学号就是组织分配给我的！"话落，全场哄笑。学号当然不像手机号一样可以买"靓号"，这大家心里都清楚，石头一本正经地说出荒谬的话，就是一种常见的幽默手法。

另一个包袱埋在中间：石头简短介绍了自己本科、硕士、博士都读不同专业的经历，接着补上一句，"虽然有不少旧爱，我觉得博士这个专业才是真爱，我们之间的感情应该不会再破裂了"，大家又是大笑。这又是一种常见的幽默模式——类比法，把两种不相干的事物硬凑在一起类比，从而产生笑料。

但需再次重申，爆点并非单纯的笑点，而是因人而异，像朱军老师那样，每期都能把嘉宾聊哭进而达到节目的"爆点"，那显然更是一种高境界。

综上，做一个小结，口才平平的同志要想做好即兴发言，要遵循的应是这样的步骤：会开始了，别闲着，认真记，抓紧想，先简单组织一下表态的套话，然后从脑海里搜罗确定一个"说法"，再运用灵感构思一两个爆点，最后站起身，声音洪亮地按思路讲下来，一个让人印象深刻的即兴发言就完成了！

七、用一两个这样的词，能显得很会说话

前两天在网上看到一个视频片段，石头觉得很有意思，颇有醍醐灌顶之感。

在火星情报局节目现场，钱枫问汪涵，涵哥，你喜欢什么样的新人呢？汪涵说，他喜欢有礼数的年轻人。

这个倒没什么，谁不喜欢有礼貌的年轻人呢？有意思的是汪涵判断年轻人是否有礼数的标准。

他说，如果一个年轻人发短信用"你"，他就会觉得很不爽，觉得受了冒犯，他觉得应该用"您"。

汪涵以做人滴水不漏闻名，因为一个字就大动干戈，感到被冒犯，他的玻璃心揭示了什么原理？石头觉得，这个段子非常鲜明地点出了一个道理：

说话让人觉得熨帖，有个很简单有效的途径，很多人却从没有注意，那就是多使用敬语。

会说话，说话让人感到舒服和尊重，当然有很多方法，但使用敬语、谦辞确实是其中最简单的一种方式。

你嘴拙嘴笨一天两天练不好，但一旦加几个敬语，马上人就变得斯文、客气、让人如沐春风了。

敬语，过去在中国人的生活中占有非常重要的地位，大家看古装片都会发现，他们会经常用令尊、令堂、令爱、令郎这样的敬词，包括写信，都会用一些非常奇怪的词，什么钧鉴、垂念、台鉴。

可惜，敬语逐渐失传了，人们在说话的过程中不再习惯使用敬语。那么，仍然坚持使用敬语的人就脱颖而出了，让听者感到受到尊重，礼数周全。

当然，现在使用敬语，不是让你像给古人写信那样说话，把不才、贱内挂在嘴边，而是说，要使用常见的一些敬语，要跟人家客气客气，或者跟长辈领导说话时要坚持使用敬语。

石头觉得，至少下面这些敬语你得掌握。

1. 您

汪涵特别强调的就是"您"。对大多数北京爷们儿来说，"您"就是挂在嘴边的口头禅，毫无压力，用起来肆无忌惮。

但对于包括石头在内的很多南方人来说，"您"字足以让自己羞羞答答，即使对爷爷太祖，也还是你、你，"您"字会让自己感觉对方太高，自己太矮，态度太谄媚。"您"字很简单，难的是克服心理障碍。

其实，"您"有温暖人心的力量，它会让对方感到自己是体面的，有价值的，被重视的，它最大限度地关照了对方的感受。

当石头想通了这一点，立马把口语中的"你"全部换成了您。一段时间以后，我发现我胖了，因为当我对食堂打菜的大姐说出"麻烦您给我二两饭"这样的话之后，我的二两饭似乎总是要比别人多一些。

2. 请

简单描述一个场景，大家可以任意感受一下"请"字的神奇：部门负责人老刘正在会客室焦急地等待领导，但领导办公室还有人在谈工作。

突然，你桌上的电话响了，正是领导打过来的。"石头啊，你把老刘叫过来吧，我这边结束了！"你一个箭步冲到会客室，对领导的话丝毫不加变通，原封不动地转达，大叫："老刘，领导叫你过去！"

刘部长白了你一眼，心想，这石头没大没小的，竟然把我指挥来指挥去、呼来喝去的。梁子就此结下，你却浑然不知。

假如石头懂得把领导的话改成更加委婉，"刘头儿，领导请您过去"，使唤的意思是不是就没有了呢，毕恭毕敬的感觉是不是就出来了呢。

3. 指示、指导

严格来讲，指示、指导并不是传统敬语，但可以看成现代职场敬语。

比如，你接到领导电话，来一句"领导，有事你说吧"，让人感觉非常不爽，如果换成职场敬语："领导，您有什么指示？"态度就完全不同了。

4. 汇报、报告

要跟领导或地位高的人说事、汇报工作，不要说，"这个事我跟你说说"，这不够恭敬。

要用汇报、报告，"领导，您有空不，这个事我跟您汇报汇报。""有个活动给您报告。"

5. 劳烦、拜托、劳驾、叨扰

请别人帮忙，可以用这几个敬语，"这个事拜托您啦！""有个事叨扰您！""劳驾您下班前把材料给我！"

6. 见谅

打扰到别人，或者有唐突和冒昧，用见谅。"我们会务工作如有不周，还请您见谅。"

7. 久仰

第一次见面，不知道该怎么寒暄，记得给人戴高帽，用"久仰"，"李处，久仰您大名，今天终于见面了。"

8. 赏脸、赏光

请人吃饭，或者邀请人参加活动，说"赏脸""赏光"管用，叫人不好拒绝，"王总，明天上午的座谈会，您可一定得赏光啊！"

简单列举这些，石头觉得基本够了。敬词还有很多，大家可以上网搜搜"敬语大全"，对照着看看，有个印象。

其实这些词，我们都会，不过大家脸皮薄，不好意思用，用的时候内心打鼓：我有必要把自己放得这么低，对别人这么客气吗？需知，对每一个人都尊重是成本最低效果最好的交往方式，当你习惯把这些词挂在嘴边，安插在短信微信中之后，即使你是个光头文身金链子的带头大哥，也一定是一个让人感到亲近的大哥。

附：常见敬语口诀

头次见面用久仰，很久不见说久违。认人不清用眼拙，向人表歉用失敬。

请人批评说指教，求人原谅用包涵。请人帮忙说劳驾，请给方便说借光。

麻烦别人说打扰，不知适宜用冒昧。求人解答用请问，请人指点用赐教。

赞人见解用高见，自身意见用拙见。看望别人用拜访，宾客来到用光临。

陪伴朋友用奉陪，中途先走用失陪。等待客人用恭候，迎接表歉用失迎。

别人离开用再见，请人不送用留步。欢迎顾客称光顾，答人问候用托福。

问人年龄用贵庚，老人年龄用高寿。读人文章用拜读，请人改文用斧正。

对方字画为墨宝，招待不周说怠慢。请人收礼用笑纳，辞谢馈赠用心领。

问人姓氏用贵姓，回答询问用免贵。表演技能用献丑，别人赞扬说过奖。

向人祝贺道恭喜，答人道贺用同喜。请人担职用屈就，暂时充任说承乏。

八、竞争上岗，怎么讲脱颖而出？

前些天，有位读者单位组织中层干部竞聘，他很纠结，跑到石头这里来求助："石头，听说这次拿出来的岗位，其实早就有人选了，只不过再走个程序，我即使报名，恐怕也是炮灰，你说我还有必要去吗？"

石头马上纠正他的思想，"去，必须去，而且要认认真真扎扎实实把程序走完，争取讲出花来，陪跑也在所不惜。"

要不要参加竞聘，尤其是那种看上去明显有人比你更合适，去了就是陪跑的竞聘，不少人都很纠结。

石头态度一直很鲜明，**对待竞聘，必须要有"有枣没枣打三杆"的心态。**

其一，万一你表现很好，碾压在场选手，脱颖而出了呢，岂不美哉？

其二，即使领导心中早有人选，你通过竞聘表现，在领导面前慷慨陈词，也能"进入视野"，这次不用，下次也有机会。说不定领导们讨论干部的时候突然说起，"上次竞聘有个小王讲得挺好，这次要不让他试试？"

相反，如果你一直不敢参加任何竞聘，那可能就一直无法"进入视野"，等到领导们再来发现你，那真不知是猴年马月的事情了。

所以说，积极主动参加竞聘，是有百利而无一害的好事。当然，这一切都有一个前提，竞聘演讲讲得不错。这篇文章，石头就来说说如何在竞争上岗中脱颖而出。

1. 放手一搏的心态

既然是竞争上岗，准备演讲的时候就要抓住"竞争"二字，说的话不能是大路货，不能是不咸不淡的平常话，而是要用真情、故事、深度、实绩去震动评委，放手一搏。

石头之前也帮不少人看过竞聘演讲稿，很多稿子看起来是篇不错的公文，但放到竞聘这个场合，恐怕就激不起什么水花。

放手一搏，并非是让你语出惊人，完全脱离套路，而是要在遵循基本话语规范的前提下，想一想演讲有没有什么出彩的地方。

竞聘的稿子写出来，要自己好好检视几个问题：有没有说法？也就是提纲挈领的主线，没有说法大家记不住，得用比喻类或者数字类标题串起来。有没有态度？对领导同事的感恩不凸显不行。有没有金句？让人能动情，留下深刻印象的话看不到不行。有没有事例？自己做的具体的事、最得意的事没有体现不行。

2. 研究竞聘的背景

竞聘时，你要打动的人，不是全世界，而是坐在你对面的那几个评委，甚至只是起决定性作用的那个主考。他有可能是单位主官，也有可能是主管干部人事的领导，他的职业经历是什么，喜欢什么风格，是务实直白，还是新颖生动，你得有个基本的了解，才能做到有的放矢。

此外，对竞聘岗位本身也要认真研究。单位为什么要举办这次竞争上岗，为什么选择竞争上岗的方式来选拔人才，竞岗的职位是什么，领导对岗位的要求是什么，今后应该怎么干……

比如，你竞聘的岗位是要搞文字的，那么整个演讲就要围绕凸显你的理论水平和文字功底来组织："我参与过 ××、×× 等一系列重大稿件的起草撰写，每年修改撰写 ×× 万字，每次领导拿到我写的稿子都是照着念，在人民日报、光明日报还发表了十几篇文章"，这样才叫人岗相适应，也能引起评委的兴趣。

3. 反复打磨演练"逐字稿"

有些人准备竞聘演讲，只列大纲和要点，对于口才出众、能说会道的人，这样当然可以，但对绝大多数正常人来说，石头还是建议你扎扎实实准备，反复演练打磨逐字稿。

什么叫逐字稿？简单说，就是完全模拟你的现场表现，把你现场要讲的话，甚至停顿、表情、语气、要抖的包袱、看似不经意开的玩笑，一字一句地全都写出来的演讲稿。

在这方面做得最好的就是新东方。新东方以老师们寓教于乐著称，俞敏洪、老罗、李笑来，哪个新东方老师不会讲段子？但你以为那些段子都是张口就来的？据说在新东方讲课，每一个段子什么时候讲，要停顿几秒，都要提前写好，逐字稿就是这样来的。

有些人自以为也做了准备，但一进入竞聘那种肃杀、紧张的氛围，大脑就一片空白，忘词了，卡壳了，最后灰溜溜走下台。

原因只有一个，那就是你的准备还不够。石头举个例子：如果问你，床前明月光的下一句是什么？估计所有人都能脱口而出：疑是地上霜。这个怎么就能倒背如流呢？太熟了嘛。

石头曾经见过一位领导，要参加单位一个内部工作交流会，这个会的范围其实不大，但领导提前一天就在准备发言稿。其实他口才很好，对工作也非常熟悉。准备逐字稿，看上去很笨拙，其实是应对讲话演说最稳当的办法。

口才不好的人，有了逐字稿就能讲得更流畅；口才好的人，有了逐字稿也能更加挥洒自如。把每次发言当作一次机会，这种态度值得学习。

腾讯原副总裁吴军博士曾回忆他的美国导师怎么准备 PPT 演讲，石头印象很深。吴军博士说，"库旦普教授是一个表达能力极强的人，这一点在学术界是公认的。但即便如此，他准备报告也极为认真。哪怕一个十五分钟的报告，他也要准备一两天，不仅 PPT 要反复修改，每张 PPT 结束时该停一秒钟、两秒钟还是不停，都会事先设计好。有些时候，他觉得听众听完后可能要想一下，所以讲完后会停两秒钟不说话，有些时候则会讲一句俏皮话过渡，这都是设计好的。"

看看，人家连啥时候停顿都是提前设计好的！

对于没有经验的人来说，想要竞聘时在台上正常发挥，唯一有用的就是提前准备，讲之前精心准备演讲稿，反复操练，反复打磨，一次又一次完整地讲和练，甚至可以找几个人模拟评委，帮你掐时间，调整语气表情眼神，最后达到最佳现场状态。

4. 成绩要少想法要多

在石头听过的多场竞聘演说里，最让人如坐针毡、难以忍受的，就是那种大段大段描述自己的工作成绩，却又都是些众人皆知的常规工作，让人感到也就那样儿，乏善可陈。

竞聘演说不是述职报告，最忌成绩连篇累牍，面面俱到。说实话，大家都在一个单位工作，相互之间几斤几两大概还是有数的，你那点成绩，比如什么"勤勉工作、敬业奉献、埋头苦干、乐于助人、敢于创新"，着实是老生常谈。

而你做的工作，也逃脱不了"办文、办会、办事"的范畴，在领导听来可能根本没什么值得吹的，大家不都这样干吗，想出彩，其实很难。

要选一些跟岗位最匹配、最得意的成绩说，多用数据、案例说话，国家级的奖项、重点媒体发表的文章、完成的急难险重任务，这些成绩讲出来才有意义。

成绩尽量挑最重要的说，重心应该放在想法上。所谓想法，其实就是两个方面，一是怎么理解岗位，二是准备怎么干。

怎么理解岗位，关键是要站在领导和考官的角度，跳出你现在的职务，以更宏观的视野格局来谈对岗位的理解和认识。

石头曾旁听过一次竞聘，岗位比较冷门，而且面向的是外系统，来竞聘的几位同志都算是"门外汉"，没有相关工作经历，前面几个人在谈对岗位认识的时候，都是谈自己虽然没有相关经验，但进行了认真学习研究，觉得这个岗位如何如何，显得似乎很专业的样子。

最后讲的小张没落这种俗套，他说的是，"我想组织之所以这样设置岗位条件，是从单位大局和长远发展考虑，在单位内部实行轮岗，提高干部队伍整体素质的现实需要。从这个角度来讲，需要我们每一位机关干部不断丰富和提高自己，不断挖掘自己的工作潜力，提高自己的工作水平。"

这显然就跳出了岗位本身，把组织的动机和做法狠狠表扬了一番，你说，领导听了能不开心吗？

准备怎么干，关键在于具体、系统、可操作，千万别只整些"顾全大局、服从命令、谦虚谨慎、努力拼搏、尽职尽责"的套话，而要讲出点施政纲领要领的感觉，落地落细说说你到底有哪些"招数"，能把今后的工作做好。

比如，你是写材料的，就好好说说你想采用哪些办法提高文稿质量，减少错别字。双人校核，每天领读党报，建好资料库，都可以，如果有创新的工作方法，不管能不能实现，先说出来，这才是能出彩的地方。

让领导听了你的演讲，感到"如果把位置给了这小子，这几件事他马上就能抓起来"，这才是一个触动人心的工作设想。

5. 态度要正确且充分

讲成绩和工作打算，套话要少，但到了表达态度的时候，套话一定要非常充分，一点儿都不能少，一点儿都不能省。感恩组织、感恩生活、感恩成长，感谢领导，感谢同事，那肯定是少不了的，某种程度上是发言的主线（见图3-2）。

图 3-2　竞争上岗，怎么讲才能脱颖而出

演讲一开头，就要旗帜鲜明地提出对组织感恩的态度：

首先十分感谢组织搭起了竞争的平台，给了我一次"推销自己"的机会。这次竞争其实是才能的竞争、品德的竞争、实绩的竞争。透过竞争，人人都有居安思危、不进则退的"危机感"，人人都有奋发图强、以为争位的"原动力"，人人都有展示自我、寻找位置的"大舞台"。

演讲到了最后，一定要强调正确对待结果，继续努力工作的态度：

对于能否竞职成功，我思考得并不多，"一颗红心、两种准备"，无论竞职结果如何，我都会一如既往地努力工作，加强学习，不断完善提高自己，为单位发展作出自己的应有贡献！

这样"一颗红心、两种准备"的表态，一方面固然是客套话，另一方面石头也希望你把它当作真心话。

得到的总裁脱不花在自己的沟通课程里对竞聘有个比喻，石头觉得很形象。她说，竞聘看重的不是过去，而是未来。你可以把自己竞选的那个岗位想象成眼前的一个靶子。当场正中十环固然很好，但更重要的是看到靶子背后还有靶子，眼前目标背后还有长远目标。

竞聘当然要争取一时的输赢，但是无论输赢，我们都要追求更长远的目标，那就是让在场所有人看到你、认可你，让大家觉得你是一个诚恳谦逊的人，是一个可造之才、可用之人。只要你表现出这种状态，下一次的机会大概率很快就会到来。

石头今天写的，都是竞聘发言比较特殊的地方，至于它跟其他发言具有共性的地方，比如石头概括的"四个有"，我就不再重复了。

九、寒暄找话题大法

对寒暄这件事，有些人表现得漫不经心，甚至有点抵触。他们的理由听上去也有些道理：路上、电梯上碰到领导同事，就那十秒八秒，干嘛扯那么多没用的，而且人家领导忙着呢，哪有工夫跟你寒暄！

但如果你换个角度想一个问题：你到底想在领导和同事面前呈现一个怎样的自己？是落落大方、开朗自信的，还是冷漠寡言、羞羞答答的？每一个人，恐怕都不希望把自己唯唯诺诺、上不了台面的一面展示给领导。寒暄重不重要，答案就很明显了。

为了帮助不善言辞的老实人流畅自如地应对与领导寒暄的场景，石头帮大家总结了以下找话题的办法，给出一些寒暄话术。

1. 朋友圈中找话题

艺术来源于生活，话题来源于观察。对领导同事，你可以多关注他平时的动态，朋友圈发没发过什么心情动态和照片？转没转过什么文章？如果有，那就好办了，"昨天看了您转的关于常见错别字的帖子，特别有益，我收藏后都读好几遍了。"

2. 穿着打扮上找话题

从头到脚、从上到下，穿着打扮那绝对是寒暄的宝矿，女的问香水、裙子、化妆品、发型、包包、首饰，男的问夹克、领带、手表、汽车，相信他们肯定会滔滔不绝。"李姐，您这又换新包包了，很贵吧？是在SKP 买的吗？"

3. 看天气找话题

聊天气是最没营养的寒暄，但也是最简单易行的寒暄，实在没啥说的了，聊聊天气也还是能顶一阵子的。"王局，听说明天要降温，真是倒春寒啊，可得多穿点衣服。""王局，今天风太大了，您穿这么少，身体真棒！""王局，今天又有雾霾，真是烦人啊！"

4. 看新闻找话题

都是吃公家饭的，大家肯定对新闻都比较关注，每天早上看看新闻汇总，一天的寒暄都不发愁了。"马处，看新闻了吗？新闻说今年过年回老家必须带核酸检测证明，您今年还回去吗？"

5. 围绕孩子找话题

对已婚已育人士，孩子是他们生活的中心，他们的一切喜怒哀乐都在围绕着孩子转。关于孩子，已婚已育人士有说不完的话。"您家小孩上一年级了吧？最近在上什么辅导班啊？"

6. 聊八卦找话题

八卦类事件特别适合职场寒暄，他们最符合石头之前说的"有趣但不核心"的原则。狗血的事谁听着不刺激，而且咱跟那些明星又没有利益纠葛，随便踩捧，能奈我何？"张处，听说郑 × 找了个代孕的，后来又把孩子遗弃了，真不像话，您怎么看啊？"

7. 说胖瘦找话题

对男士，可以说"最近又胖了？"他会觉得自己越来越威武雄壮。对女士，可以说"最近又瘦了？"她会觉得自己越来越苗条纤细。此万能话术屡试不爽，注意，这两句话可千万不能用反，否则你就等着穿小鞋吧。

8. 用"最近怎么样？"找话题

实在不知道跟对方有什么共同话题，那就只好祭出撒手锏，来个开放式的论述题，"最近怎么样？你起来回答一下！"然后，再根据他只言片语透露出的有效信息，把天接着聊下去。

9. 万能的微笑

说了上面这么多，石头也知道，对有些性格内敛的人来说，寒暄还是很难，压力还是很大。

能聊，可能是一种天赋，比如老梁、郭德纲，老天爷赏饭吃，啥事都能聊得引人入胜。

经常会有内向或不善表达的人，羡慕能侃能聊的人，也想学着去插话，赔笑，迎合，搞得自己疲惫不堪。

其实吧，你不是那种人，没必要学，啥事都侃侃而谈，多耗费精力啊，想想就累。人的精力是有限的，精力要用在刀刃上，不是用来消耗的；真正的高手，特别懂得养精蓄锐，做减法。

乱用精力，花在自己不擅长，且无实际收益的事上，很不划算。要学会把精力留给自己，留给核心事务。你应该把精力集中起来，准备好在领导参加的座谈会上的发言，平时在单位偶遇领导同事，打个招呼，一直微笑就好了。

不管你从以上哪个角度找话跟别人寒暄，讲话的基调一定是正面的，说直白点，也就是要夸他，狠狠夸他，别讽刺，别怼人，如果做不到，那还不如把嘴闭起来。

石头还要提醒一下，对待大领导，打招呼是必须有的，但如果看他表情严肃、心情不佳，或是眉头紧锁、特别疲惫，那寒暄的时候就要慎重一点；因为有时领导会思考一些问题，贸然开口聊天，可能会在不知情的情况下打断领导的思路。如果领导主动开口聊天，那就顺着领导的话题往下聊吧。

十、说话有逻辑，是怎么做到的？

石头在《秘书工作手记2：怎样写出好公文》里，花了不少篇幅讲写文章怎么厘清逻辑，特别是厘清文章逻辑有什么技术手段，反响不错。有读者表示，读后如法炮制，脑子虽然未必十分清楚，但写出来的东西至少像样了，基本符合领导常说的"层次清楚，条理分明"。

他们要求石头再讲讲说话有没有什么好技术，能让语言表达听上去"有条理"的。其实，说话和写文章本就是一码事，写文章能用的理清逻辑的办法，比如金字塔原理，也就是观点优先、层层支撑，还有使用适当的逻辑词，科学分类，放到说话中去用，道理也是一样的，也都行得通。

把写作常用的逻辑结构搬到语言表达里，基本上是降维打击。

1. 编码更容易让人记住

有逻辑的表达，最简单粗暴且有效的方式，就是给每个你要说的观点或者主题都标上序号。一个一个地娓娓道来。有编码的物品更容易让人记住，说话也一样，既有顺序感也不容易漏掉。

"我想讲三个问题，第一是第二是第三是""我有三件事想跟你沟通，一是二是三是"，如果突然临时又想起来一点，别慌，可以说，"此外呢，还有……"

听到编码序号，对方脑袋里就会想，哦，今天有三件事儿，很容易记。编码，是非常符合人体大脑思维路径的一种说话方式。

最美妙的地方在于，编码法虽然让人感觉有逻辑，但其实对逻辑性的要求不高。你讲三个问题，三个问题之间不一定有非常清晰的逻辑关系，它们的先后顺序有可能是错乱的，或许它们之间根本就不相关，也没有逻辑关系。

但这些都无所谓，只要给观点加上编码，就能给人一种很有条理的感觉。所以，只要你说的不是一件事，都可以给整上编码，好使。

2. 使用逻辑词

逻辑词是逻辑的标志，就像路上竖着的路标一样，朝着读者大喊：这是第一层意思！这是第二层意思！这里是并列！这里是递进！这里是转折！使用逻辑词来标示文章逻辑，是一种简单又效果鲜明的办法。

　　说话中最常用的逻辑词，当然是"首先、其次、再次"，表示一种重要性逻辑。但具体到运用中，建议大家多说"第一、第二、第三"，少说"首先、其次、再次"，因为许多人说了"首先、其次"后，容易把"再次"忘掉。

　　其次，还有"总的来说"，表示总分逻辑；"接下来我要说的是"，表示递进逻辑；"只要，就"，表示条件逻辑；"因为，所以"，表示因果逻辑；"一方面，另一方面"，表示并列逻辑；"虽然，但是"，表示转折逻辑，等等。

3. 归类可以对抗混乱

　　在头脑中养成对各类事物进行归类的习惯，有利于让你说话更有条理和效率。

　　石头之前讲过，分类是人类大脑的伟大发明，"类"这个东西，在客观世界其实并不存在，但我们的大脑为了将杂乱无章的事物区分开，进而系统化、条理化，不断创设"类"的概念。当你以分类的方式来思考和表达的时候，你会发现事情骤然变得更容易理解和记忆了！

　　办公室里的美女小丁特别爱美，每天穿得漂漂亮亮来上班，她今天穿（戴）了衬衣、外套、披肩、裙子、丝袜、项链、耳环、手镯、高跟鞋、发卡。十几样东西，你一下看得清、记得住吗？

　　我们分个类，马上就不一样。办公室里的美女小丁特别爱美，每天穿得漂漂亮亮来上班，她今天的上装是：衬衣，外套，披肩；下装是：裙子，丝袜，高跟鞋；配饰是：项链，耳环，手镯，发卡。分成三类后，原本模糊混乱的衣服马上清晰了，显得井井有条。

　　说话也要时刻记着这种思维方式，"好的方面是×××，坏的方面是×××"，"对领导来说，×××，对同志们来说×××，对下级单位来说×××"，"从我市来看×××，从国内来看×××，从国际上来看×××。"

　　把一团内容切割成不同类别，依次讲出来，对理清说话的思路非常有效。

十一、嘴严是一种美德

前几天，一位领导私下跟另一位领导表扬石头的话传到了我耳朵里。表扬什么呢，简单得让人震惊。领导说，石头这小子不错，嘴很紧，有一次他跟我参加活动，我听另外一个领导打电话问他在哪，石头都不吐口，只说没在办公室，在外边办事，这叫人放心！

这实在出乎石头意料，本来一直以为木讷内向、不善言辞是个缺点，没想到嘴比较紧，跟谁都不爱吐口竟然还成了优点！"嘴严可靠"，竟然还比能说会道重要了？

仔细想想，在单位在职场，嘴严还真是一种美德，甚至可以成为一项个人"品牌"。反正石头很害怕跟爱嚼舌的同事交流，谁说的话不会有瑕疵呢，谁敢保证自己一直是"伟光正"的呢？如果稍有不慎被揪住小辫子，是不是又要到处传播我的笑话？与其这样，那我还是离你远点儿。

"祸从口出""因言废人"的教训实在太多了，如果别人跟你说个什么事儿，总是过几天就已经尽人皆知了，那大家就会给你打上不可靠的记号，越来越不愿意与你为伍。如果涉及一些内部信息的泄露，"爱说"甚至有可能让你酿下大错，一辈子抬不起头。

哪些话，到嘴边也得咽下去？

1. "昨天我旁听常委会了，会上研究了干部，××处的×× 要动……"

会议研究的敏感事项，对任何人都不要说，尤其是不能向会议涉及的人透露。你把不住风跑冒滴漏，人家更不会给你把风。很快就会一传十、十传百地传到当事人耳里，提拔的风险还较小，万一是调职或处分，当事人跑到领导那一哭二闹三上吊，最后领导震怒，"把泄密的人给我揪出来！"我看你哭都来不及。

2. "昨天领导加班，让我帮他接小孩了"

领导单独交办的私事，对任何人都不要说，尤其是不能向口风不紧的人透露。你的本意或许是想炫耀领导对你高度信任、高度认可，连私事都毫无保留地交给你办，你已经进入"自己人"行列了。殊不知，这种私事是最为敏感的，也是领导最不想为外人了解的，悄悄办也就办了，走漏了消息，肯定不会有下一次了。

3. "小王和小李是不是最近有点情况？"

八卦是非，男女关系，最好不要乱传。八卦确实有趣，但问题在于，说者无心听者有意，你永远不知道看似平平无奇的同事背后有着怎样复杂的联系，说不定他们曾有过地下恋情，现在已经反目成仇，或者根本就是远房亲戚，联系异常紧密，何必在单位招惹麻烦？实在憋不住，可以给老家的父母讲讲。

4. "我迟早要走的"

人往高处走，水往低处流。现今社会机会多，想去大城市、大单位、大机关闯一闯无可厚非。但在尘埃落定之前，公然向他人流露要走的想法和迹象，甚至在办公室看"行测每日一练""遴选突破 100 题"，则是非常愚蠢的行为。万一你一辈子走不了呢？石头劝你，悄悄地备考，打枪的不要！

5. "工作烂透了，这个单位真没劲" "这事太难了，肯定不行，搞不成的"

任何抱怨的话都不要在单位讲。抱怨永远无助于改变现状，办公室顾问团王主任说得精辟：任劳不任怨，干了也白干。领导在单位最忌讳的不是不干活，而是对他不满意、不认可。在单位，要么别任劳，啥也别干，乐得逍遥自在，任劳就要任怨。

作家冯唐曾总结人类爱记坏话的本性，他说：人类是一种变态的动物，十句话里，九句夸他，他记不住；一句骂他，他放在心里很久。

有些人一边干活一边抱怨，手上没少干，得罪人的话没少说，结果传到别人耳朵里，干了活也一点都不落好。一边做事一边发牢骚，这种做法叫割卵子敬神，卵子被割掉了，神也得罪了。

不管人前还是人后，只说单位和领导的好话，绝不说单位和领导的坏话，这应该成为一种习惯。

如果工作上确实遇到了困难，可以用适当的途径去给领导反映，不要在背后抱怨，尤其是抱怨的时候被领导听到，或者有心人传到领导耳朵里，对你都极为不利，信不信，之前成绩会因此而一笔勾销、前功尽弃。（见图 3-3）

图 3-3 嘴严是一种美德

6. "我们以前不是这样弄的，王局以前如何"

事业在发展，时代在进步，老强调过去怎么样、过去规矩怎样、过去领导如何的话不要说。有些新变化新要求你或许还不理解，那也没关系，先照着做，提以前不但不好使，还会让新领导觉得，"不把我当回事啊？还想着前任如何如何呢，看来我说话不管用啊！"一下就把你划入前朝旧臣或者不服管的刺头序列，损失极大。

第四章

细节：让你脱颖而出的
那些小事

chapter 4

<<<

一、在单位特别拉好感的几个小妙招

石头一直主张，在职场眼睛要朝上看，把更多的精力放在领导身上，有的朋友照此操作后，发现这样不但对自己的发展有好处，而且精力重心转移后，对同事更豁达随和，容忍度更高，最后竟然无心插柳柳成荫，收获了更和谐的同事关系。

这就对了。职场上的受欢迎，和谈恋爱、耍朋友的受欢迎有本质区别，你不需要让所有同事都真心喜欢你、爱你。只要大家能够客气友善地交往，互相不拆台、不踩踏，你的同事关系就算很成功了。

即使这样，很多人还是做不到，每到一处，总搞得天怒人怨、鸡飞狗跳，风评一致地差，这到底是人性的扭曲还是道德的沦丧？其实都不是。大多数情况下，或许只是你没把握住一些小细节，比如以下这些。

1. 带饭和零食

有些人在单位总会让同事觉得很暖心，靠的不是别的，就是一个简单的小动作：带饭和零食。

到了饭点儿，如果别人还在赶稿子，看上去无暇吃饭，他会问一句，要给你带饭吗？

到了饭点儿，如果别人还在会场开会，可能赶不上食堂的饭菜，他会发个信息，"需要给你带饭吗？"

其实，打动人的还真的不是一碗饭，而是那种"我把你放在心上，我惦记你"的关心暖心，这个让人无法抵抗。

同样，自己买奶茶、买零食、买水果，也可以想着给同事领导带一些，大家一起分享，想不其乐融融都难。

2. 记住生日

石头研究生毕业快十年了，每年过生日，都会收到一位做律师的同学发来的生日祝福，让石头感动不已。我深深地感到，这位老同学一直在关心我、惦记我，我愿意给他当牛做马。

在领导和同事生日的时候，简简单单给他们发个短信，就会让领导或者同事觉得你很重视和惦记他，这是很重要的。

除了生日，还有一些纪念日，比如领导履新上任 ×× 周年，同事入职 ×× 周年，如果你记得发个短信表示祝贺，或者做张贺卡，一下子又把你给凸显出来了，这是非常牛的事情。

3. 伴手礼

跟领导和同事交往，你要时常想着伴手礼这件事儿。

比如，公事私事麻烦别人，你要想着伴手礼；去同事家做客，你要想着伴手礼；回老家过节，你要想着伴手礼；出去旅游，你要想着伴手礼；到外地出差，你要想着伴手礼；甚至跟媳妇去度蜜月，你也要想着伴手礼。

伴手礼不值几个钱，也花费不了你太多心思，但如果你脑子经常想着这个事儿，时不时送出一些伴手礼，跟同事的关系就会越来越和谐。

有人可能会疑惑，现在大家条件都好了，同事们也不差那一点儿土特产，石头你还把伴手礼说得这么重要，是不是有点太落后了？

确实，伴手礼价值不高，但"往家里提东西"这件事，能给人一种强烈的"快感"。你回忆一下，逢年过节，单位发的那点儿米面粮油值钱吗？一点也不值钱，但这并不妨碍你兴高采烈地把不值钱的东西提回家，看着满当当的储藏室，"我出息了，能往家里提东西了"，自豪感油然而生。

伴手礼的道道，其实在这里。

4.私下致谢

致谢和伴手礼一样，也是你需要时刻惦记的一件事，不管公事私事、大事小情，私下一声"感谢""谢谢"，及时送上。

如果想让致谢的效果更好，可以在说"谢谢"的时候，添加一些感想和细节。

比如说，同事从老家回来给你带了他们当地的特产，你家里人感觉很好吃。可以给他发个微信，说，"哎呀，感谢你的礼物，小孩儿特别爱吃，最近每天都闹着要吃"。对方就能想象你和家人开心享用礼物的场面，两个人之间的温馨感再次得到升华。

工作上也是一样，到别的单位开会调研等，临走时给对口人员发个信息表示一下感谢；别人到你单位，太忙没有周全的时候发个信息表示一下歉意，都会让你做的工作有事半功倍的效果。比如：李总，感谢您的热情招待，这次调研收获很大，很受教育触动，之类。

5.工作不掉链子

同事同事，大家的根本连接点在做事，没有做事这个基础，友情根本无从谈起。

有些人在单位被集体排斥，真不是因为他不会做人、不够玲珑，而是因为工作上太差，以至于被看作是传说中的"猪队友"。想要有正常的同事关系，工作上的表现至少要合格。

6. 尽量不发飙

在职场对两个人之间关系伤害最大的事情可能就是发飙了。一旦发飙，事情就很难挽回，和同事之间的关系也基本不太可能再回到从前。相当于你给自己树立了一个敌人，挖了一个坑。

现在看这个同事好像不能对你造成什么伤害，但保不齐什么时候你就落在他手里。这个当年发飙埋下的坑就能把你绊倒。你发飙的次数越多，给自己挖的坑就越多。

对每一个人都尊重是成本最低、效果最好的一种交往方式。不管事情有多糟糕，咱都还得端着，深吸几口气，或者撤离冲突现场。尽量避免发飙，冷言冷语、针锋相对都可以接受，但体制内职场的平和性格，决定了歇斯底里、大喊大叫、骂人打人是绝对不能接受的，也是必须守住的底线。

7. 不要打破砂锅问到底

和同事之间保持客气、有礼的距离感，是最舒服的交往状态。交浅言深是一件很可怕的事情，有些话题，人家不想让你知道，你也没有必要知道。比如，家里房子多大啦，老公收入多少啦，有没有结婚啦，老公月入多少啦，跟男朋友关系怎样啦，浅浅聊聊就挺好，非要打破砂锅问到底就很惹人讨厌了。

有的时候，对方回答你的问题含糊其辞，或者沉默，那说明人家不想讨论这个话题。这时候，你要识趣，要及时绕开这个话题。不然，如果打破砂锅问到底，双方都会感到尴尬，甚至会让人觉得烦，"我跟你很熟吗？干嘛要告诉你这些？"

以上，就是石头总结的一些在单位拉好感、搞关系的小妙招。需要说明的是，石头总结这些，并非是让大家条条都做到，实际上石头很多也做不到。

对关系和社交要辩证看，不是每个人都能当局王，有些人能把关系和社交发展成自己的核心竞争力，但有些人天生厌恶这些。

如果社交不是你的核心竞争力，那石头觉得做到大体过得去，合格不出错就行，上面这些方法有选择地用一用。更多的时间和精力，还是要花在提高自己身上，屌丝要强大，最好的办法是自己有能力，有和人交换的资源。

自己实力不过硬，拿不出东西来交换，瞎折腾，到处巴结，累死累活，实际上人家也没觉得怎么样，未必真的把你当回事。

二、有效赞美的5条法则

前几天石头偶然参加一个饭局，席间中心人物是一位企业家，企业家多才多艺，同时还有另外一个身份——业余书法家，据说造诣相当可观，作品颇能登堂入室。

饭局上有个梳着背头的男子，大概有求于此企业家兼书法家，借着酒劲儿，恭维他恭维得暴风骤雨、毫不留情，甚至说出了"我看目前在国内，书法排第一的是那谁谁谁，第二也就是您了"这样众人皆惊的狂言。

连被恭维的企业家脸上明显也挂不住，连忙打断背头男："小王你说的什么疯话！"

散场后，待背头男离开，企业家大概也是不好意思，当着众人把背头男猛批一番，连声感慨不知他怎么变成了今天这个样子，说话一点儿都不把边，请大家别往心里去。言辞间尽是懊恼不屑。

显然，背头男的赞美不但没让被赞美的人熨帖，反而让他想讨好的人成了笑柄，赞美不美，事情反而朝反方向发展了。

这是赞美本身的问题吗？当然不是。人人都需要赞美，人人都享受被赞美，没有人能独善其身，做到不吃赞美这一套。

曾国藩有句话，叫"规恶于私室，扬善于公庭"。意思就是批评人要私下说，表扬人要公开说。表扬人的时候，特别是表扬领导的时候，暂且把职务的禁忌放在一边，胆子大一点，步子大一点，声音大一点，都没关系的。

连石头一岁半的闺女也是如此，你直接斥责她怎么不好好吃饭，她闹得更厉害；你要是说宝宝太棒了，吃饭比同小区的圆圆吃得好多了，她马上抓起饭往嘴里塞。这充分说明了赞美直抵人性的力量。

如何避免前文中赞美黑化的情况？如何有效地发出赞美？石头觉得有几个问题值得注意：

1. 适当含蓄

石头一直觉得，赞美的时候，对事实做适当夸大是没有问题的，甚至是必需的。假如一个人的表现是"好"这个级别，你夸他说，你是好啊！那么可以想象，他感觉不大，因为他的表现本身就在"好"这个级别，你说他好，只是在陈述他自己也了解的事实，本质上是个陈述句，没啥新鲜的，他心里能爽得起来吗？

如果他明明只是"好"这个级别的，你却说他是"太好"级别的，这时他才有爽的感觉，"啊！我还以为自己好，原来大家都认为我太好，我真牛！"

但同时，我们也要注意到，中国传统文化还是比较推崇含蓄，讲究的是"沐猴而冠"。即使心里再想，嘴上还是说不要不要。

所以赞美之时，尤其是在公开场合赞美别人，大家都在旁边看戏的时候，注意要适当含蓄，别说得太露骨，点到即可。

在这一点上外国人就直白得多，整天把"amazing""perfect"挂在嘴边也不以为然。文化基因不同，咱们跟他们还是要有所区别。

当然，私下的话，你就完全可以放得更开一些。

2. 群众的评价大家都在意

汉语里关于谣言诽谤的成语很多，什么"众口铄金，积毁销骨""三人成虎"之类的，充分说明了人言可畏。

群众的恶言能杀人毁人，反过来，群众的好评那也是十分让人受用的。

赞美无非有两种模式，一种是"我觉得你好"，另一种是"别人觉得你好""大家觉得你好""一致觉得你好"。很明显，按照人言可畏的理论，"大家觉得你好"的杀伤力要远大于"我觉得你好"。

所以，是不是赞美的时候可以多用"群众觉得你好"，而尽量不要自己赤膊上阵呢？

比如，领导在工作部署会上发表了重要讲话，确实讲得很好。领导问你，小张啊，今天讲的效果还可以吧？你当然可以说：好得很领导，我听了很受鼓舞，我觉得吧，立意高、语句美、内容实，等等，把领导大大夸赞一番。

但如果你用"群众评价法"，对领导说：我刚在下边听好几位同志都在说，您讲得实，水平很高，部署得很具体……

那便是让赞美从主观感受进化为客观事实，是不是效果又上了一个台阶呢？

3. 要具体，要有细节

赞美这件事很怕大而无当，真棒！真好！真牛！这种话意思不大，听上去要么是赤裸裸的奉承，要么是漫不经心的寒暄，不走心。

只有赞美中出现细节了，出现具体事情了，被赞美的人才能真正感受到关注和重视，觉得赞美发自肺腑且可信。

比如开篇提到的背头男，与其说泛泛地给企业家戴上"老二"的高帽，尚不如具体说说到底哪里写得好：是点画线条苍劲有力啦，还是空间布局浑然一体啦，抑或是神采飞扬格调高雅啦，实实在在地从具体和细节出发加以评论，明显要比扯着嗓子唱赞歌要真诚、抓人。

再比如夸赞办公室里的女同事小陆今天很漂亮，"美得很""好漂亮"只能是隔靴搔痒，"包包配这件衣服好看""口红颜色适合你""你这个新烫的头很显瘦"，是不是基本能保证女同事心花怒放了？

4. 请教和询问也意味着赞赏

赞美的本质是什么？石头觉得，如果我们对赞美这一行为抽丝剥茧，其实它内含两个层面，第一个层面是认可，我认同并褒奖你的行动；其次是在意，即我非常重视和钦佩你的某个行动。

上面说的几个方法，其实都还是认可层面的，请教和询问则处于"在意"这个层面。

比如，王处在××日报发了一篇文章，评价不俗。你表扬他文章写得好是认可层面的一种赞美。

表扬之后，好好跟人请教询问一番：张处，这个文章你是怎么构思的啊，这么好的语句是怎么积累的啊，怎么投稿怎么采用的啊？你怎么练就如此"大手笔"的啊（见图 4-1）？

图 4-1 有效赞美的 5 条法则

这么一询问一请教，就是"在意"这个层面的赞扬了。王处一看你这样在意他的文章，在意他的写作，内心必然是美滋滋的。

5. 有对比才有伤害

争强好胜是一种人性，古人都说了，不患寡而患不均。

不管你承认不承认，人总会有种隐秘的小心思，看到别人比自己好心里就是不舒服，看到别人过得孬就是心情舒畅。

所以，这点也能成为赞美的切入点。夸人的时候，与其说"老李，你真行！"不如说"老李，你比老王强多了"，或者说"老王比你差远了"。

当然，需要注意，拿别人做比较是有风险的，搞不好就成了搬弄是非、诋毁同事、挑拨离间。最安全稳妥的做法还是拿被赞美的人跟自己来比。

比如说，张处，你这个文章观点太鲜明，我怎么就想不到这一点呢？张处，你这个文章言辞太优美，我怎么就写不出这些话呢？你给我传传经、送送宝啊！等等。这样自己稍微吃点亏，赞美的效果杠杠的。

三、怎么装成很有城府的样子？

工作时间久了，石头发现，在单位走得比较顺的人，各有各的绝招，有的能写，有的能说，有的贴心，有的精力旺盛，但他们往往还有个共同点：做事让人感觉很"稳"。

比如石头认识一位干人事工作的兄弟，酒桌上你跟他闹得再热火朝天，对于人事的议论和传言，他还是不会吐露一个字。还有一位领导的秘书，朋友圈干干净净，不发任何东西，你想跟他在微信上说点事，他从来不会回复，而是一个电话打回来，在电话里慢悠悠地说。

石头体会，这可能就是所谓的"城府"。为什么有城府的人会在职场走得更顺？石头琢磨来琢磨去，稍稍捕捉到一点苗头。

职场晋升，不太像竞技比赛，突然杀出个无名小将，秒杀大佬一飞冲天。**职场更像是排队领奖品，见者有份，大家都在队伍里一个个往前挪，顶多偶尔往前插一两个队，插队多了群众肯定不干。**

职场晋升，能得分很重要，不失分更重要。首先你得保证自己一直在队伍里，不能因为犯规被逐出队伍。所谓城府，实际上就是把自己变成一个"黑箱"，最大限度减少犯错的概率。

有些人把"城府"理解成"脸色阴沉"，整天板着脸不苟言笑，这完全跑偏了。有"城府"也可以脸上挂着阳光的笑容，只要你能做到以下几点。

1. 大事小事不透底

工作上的事，不该让别人知道的，绝不吐露一个字，这是最基本的"城府"，大多数人能做到。

石头今天想说的不透底，其实主要是说小事也要不透底。

举个例子，石头见过一位领导，工作十分用力，经常加班到很晚，但一周也总会有那么一两次，他要提前一会儿下班，去接小孩放学。

对此，他从不直说，有时候他说，"我先去食堂吃饭了，待会再回来！"有时候他只说，"我下楼一趟。"有时候，他甚至不置一词，掩上门就走了。当然，大家也心领神会，不会追着他刨根问底。

对于不好的事，即使再小，也坚决不直说，这才是不透底的最高境界。

透出去的底，当时可能无伤大雅，但保不齐某个关键时刻，你说的某一句话就会成为别人手中的把柄。

2. 设密码

在单位，脑子要有根弦，注意保护自己的隐私。老话说得好，害人之心不可有，防人之心不可无。

比如，办公的电脑要设密码；临时离开座位，电脑要有屏保；没事的时候，就把手机倒扣在桌面上；微信消息会弹出来，但设置不显示内容；工作上的事情，能打电话聊，绝不发微信；少发朋友圈，经常给别人点赞评论；等等。

3. 走路慢

干工作要一步一步来，走路要一步一个脚印，不能总是风风火火，好像有十万火急的事情要去处理一样。

况且，即便有非常紧急的事情，也不能那么轻易地表现出来。

走路快，心率加快，人在心理紧张的情况下，考虑事情自然有不周全之处；走路慢，心率慢，考虑事情就会举重若轻、收放自如。

另外，天天快速地走过来走过去，不仅会让人感觉你在做大量的无用工作，还会让人感到心烦、压抑。

4. 说话缓

至于该怎么说话，学习一下领导就可以了。你见过哪个领导天天大着嗓门说话？哪个领导不是稳稳当当、滴水不漏地说话？

有位领导曾经教石头这样说话，"准备吐出口的话，咽回去，嚼一嚼再吐出来。"这个办法特别实用，话到嘴边了，先别说，脑子里练一遍再慢慢说。

我们为什么要慢慢说话呢？因为话语是大脑思考的反映，说话有条理，说明你这个人思路清晰、思维严谨。反之，快速、啰唆地说，会让领导感觉你这个人思路混乱。

水深不语，人稳不言，十拿九稳再开口说，拿不准的话干脆不说。

四、到上级单位借调注意事项清单

——上级单位借调人，不是让你去镀金的，肯定是来干脏活累活的。调整好心态，乐于吃苦负重是搞好工作的关键。别人不加的班你加，别人不熬的夜你熬，一般熬着熬着大家就离不开你了。尤其别拒绝小活儿，打水、复印、打饭，以前可能是别人帮你做，现在你要笑着帮别人做。

——新到一环境，先考虑融入。同事之间吃喝玩乐必不可少，别觉得庸俗，同事虽然不是领导，但人家环境熟情况明，处得愉快了，适时给你指点一二，比如单位的人事关系啦，编制情况啦，进人要求啦，能让你少走不少弯路。此外，新人"风评"很重要，大家都夸你不错，也就为你在新环境打开局面创建了基础。

——抓紧把自己擅长的一面展现给领导。比如长于写作的，可以把自己之前发表的文章汇编成册，给上级单位领导呈上；中午食堂吃饭，多说说自己以前写材料的情况，写了多少大材料、总结、讲话。只有具备了某项技能，才能迅速立足。

——刚开始的几个活儿，要使出吃奶的劲来干好。印象的窗口期很重要，前面几个任务千万别满足于完成任务就好，要拿出精益求精、追求卓越的劲头，让上级单位的领导和同事眼前一亮，争取震他们一下。

——站稳脚跟之后，可以造造声势。尽可能参加上级单位的座谈、演讲、岗位练兵等活动，精心准备，一鸣惊人。别有顾虑，觉得是不是太高调了，其实这种活动，单位的"老油条"一般都嫌麻烦，你这是帮他们减负呢。

——定期向原单位领导汇报工作。平时有空回来，到原单位领导那里坐坐，汇报一下借调期间的工作，不是去显摆成绩，而是要表达非常尊重原单位领导的姿态，别回来不吭不哈的。无论是抽空回原单位当面汇报，还是打电话、发微信，无论领导乐不乐意听，自己都得尽好下属的

"本分"。还当自己脱离了他的领导？不存在的！

——不定期与老同事联络感情。平时和老同事打打电话聊聊八卦，有条件时聚聚餐喝喝酒，一到关键时刻也许同事能帮助自己获得第一手信息，比如原单位人事变动、评奖评优方面的最新情况，甚至帮助自己在原单位做做宣传，不至于自己"仿佛没存在过"。

——在职权范围内为原单位提供一些便利。原单位同事到借调单位办事，嘴巴甜点儿，腿跑勤点儿。有些工作你在上面有信息优势，可以给原单位指点指点，让原单位感到你是一根伸到上面的"天线"。

——如果你了解到上级单位有编制，也有意通过借调留人，大可以主动跟你的直接领导表态："我这段时间学到很多，进步很大，想继续跟着您学习锻炼，个人也有个更高的平台。"他自然心知肚明。别太担心原单位不放人，"上面"有人，对他们也是好事。

——如果发现上级单位纯粹是想抓个苦力干活，没有任何上调机会，那就不要恋战，拿好借调鉴定，到点儿就撤回去，以免耽误在原单位的前途。

五、当小领导带好团队的要点清单

——无论体制内外，领导者的权威往往不只来自于职位本身，更来自对职位的经营。所有新团队几乎都会经历从不配合到配合的过程，要不怎么会有"新官上任三把火"的说法？不要指望你一旦坐上那个位置，所有人都开始配合你、服从你。你必须要尽快展现出运用职位赋予权力的能力，大家才会配合你、服从你。不配合跟你年纪轻有关系，但其实没有必然关系。

——什么是运用职位赋予权力的能力？说白了就是两条，对下分配任务，活儿来了能分得下去；对上争取支持，领导愿意听你的，不听你们科室其他人的。你的所有管理动作都应该围绕这两条。

——分配任务，先过心理关。从大头兵到管理者，最困难的不是学会管人，而是敢管人。面对不配合的人，心里先不要怂，默念十六个字：管人管事，天经地义，组织重任，职责所在。你背后的靠山是组织、是领导，多提要求、大胆说不，就是你的权力和职责。

——把分工具体到人头，落实在纸面上。制作一个分工表，科室职责范围内的各项业务，哪项工作谁去负责，谁是备份，在表中予以明确，然后把这个表呈报分管领导审阅。分工的效力一经组织背书，活儿来了，不再是你拍脑袋分任务，而是大家各自对着表领任务。你不想干？那就说出个 123 来，还得我批准。

——怎么体现领导支持？上任后，先召开科室会议，邀请分管领导参加，为你站台。在会议上要强调树立一盘棋思想的要求，形成合力，上下一心，相互配合，共同做好工作。让每个人都表个态，最后领导再提要求。

——别小看了开会和表态，科室会议上，所有人肯定都会说要支持你、配合你的场面话，按照心理学上的"承诺和一致原则"，人人都有言行一致的愿望，一旦作出承诺，就会立刻受到来自内心和外部的压力，迫使自己的言行尽量和承诺一致。

——这次会议后，还可以建立科室学习例会制度，每周或每月定期开会，学一学近期上面发的文件，每个人讲一讲近期自己手头的工作，搞一搞主题读书活动，谈谈体会，人人发言，经常表态。会议是一种仪式，一开会，大家各就各位，按部就班，其实是在反复提醒每个人：别忘了，你是科员，我才是负责人！

——记好科室工作周记。每个人每一天做什么事，完成了什么任务，取得了什么成绩，以日为单位记下来，每周汇总一次，发到科室微信群里。每周向分管领导汇报周记，既方便分管领导掌握工作情况，也是对团队的威慑。小小周记，是不是很好地实现了对下分配任务和对上争取支持的统一？

——抓"两头"带中间。科里几个人，不可能都处在同一层次。肯定有人会向你靠拢，积极向你请示汇报，落实任务一丝不苟。你要紧紧抓住这样的人，帮助你开展工作，在工作方面多商量，在同事面前多表扬，在领导面前多汇报，以争取人心。对个别调皮捣蛋不服管的，该批评的要批评，也可以从心理和行动上给脸色看，孤立、冷淡，拿走一些不痛不痒的利益，比如培训、出差的机会啥的，以示惩戒。这样一头抓住先进，一头抓住后进，就会带动更多的人向你看齐。

——时常"扯大旗做虎皮"，让大家知道领导始终信任你、支持你。比方，科里周例会、月例会，时不时请分管领导来参加做指示；安排科里工作之前，先向领导汇报取得领导的支持重视；工作中的成绩、问题和困难，及时向领导汇报，争取领导的帮助。总之，尽量让领导多参与到你的工作中来。

——碰上比较刺头的部下，言语上绝不要轻易让步。他说不应该接这个活，你不要急，也不要默不作声。你就说，领导有多重视这个活，必须得干好！他说让你找别的人，你就说，你分管这块业务，我只能找你。态度坚决一点，他可能就顶不过你了。很多时候，微观层面的语言较量非常重要，甚至起决定性作用。

——上面说的都是"做官"，做人也同样重要。中午尽量跟大家一起吃饭，时不时请大家一起聚聚，喝点小酒，爬个山；在重要节日或者大家比较辛苦的时候，在微信群里发个红包；隔几周就和下属来一次比较正式的谈话，分享一些他不知道的信息，提一点工作建议；如有可能，帮忙解决一点部下的实际困难，诸如孩子上学、发表文章等。

——最后，如果碰上个别不求进步的老员工，不必非要拿下。对老同志要多一些理解和尊重，他们现在可能工作状态不佳，但人家年轻搬砖的时候，可能比你还能吃苦，可能比你还拼命。你使出浑身解数，个别刺头还是没有改观，那就算了，对这样的人，少管、少理、闲置即可，只求不添乱，不求做贡献。千万别用力过猛，非要斗倒搞臭，那样容易形成完全对立。但是，如果已经发展到事事处处跟你对着干，就要采取坚决措施，向领导汇报，调出本科室，不可姑息迁就。

六、当烂好人有什么问题？

石头是个耳根子软，好说话的人。小时候别人对我提要求，纵使我不太情愿，也总是勉勉强强地回答"好吧"，不忍直接拒绝别人，否则总会觉得对别人有所亏欠。

内心随时会有挫败感，但转念想想，也会拿"赠人玫瑰手有余香""付出总有回报""好人总会好报"之类的古训安慰自己，觉得当个好人未尝不可。

但最近工作中发生的一件事，让我觉得当好人这件事，放在职场里是有大问题的。起因是写一个材料。

这天，石头接到任务，牵头起草一个综合性业务材料。这个材料前几年都是兄弟部门牵头，今年才按领导要求转到了石头这里。本着"预知后事如何，必先知前事如何"的学习态度，石头抓起电话就打给了兄弟部门的笔杆子老牛，"兄弟啊，今年这苦差事落到我头上啦，前几年你们的报告发我学习学习呗。"

大家都知道，石头手头材料素材攒得多，也乐于分享，单位里只要有人找到我，"石头兄弟，你那有××方面的材料不？我们正在写相关的一个讲话，你发我学习学习呗。"石头每次都是毫不吝惜地把之前辛辛苦苦写的一堆稿子拖进微信对话框，"给吧兄弟，供你参考。"之前每次老牛找我要材料，那我也都是毫不保留、和盘托出的，这次遇到自己需要老牛的材料了，他还不得大开方便之门吗？结果不然。

老牛的态度就像嘎吱作响的破木门，推起来老费劲了。他打马虎眼说，"这得经过领导允许，你还是去找领导要吧，我不敢自作主张。"

听得石头心里咯噔一下，这玩意儿，就是个上报材料，都是些虚话，压根就不涉及敏感内容。说白了，老牛就是不想给。

石头也没再让老牛为难，悄悄在心里给老牛记上了这一笔账，直接找老牛的领导去要材料了。领导二话不说，把前几年的材料立马发了过来，石头顺利完成了任务。

当好人，为什么没得好报？石头事后认真反思了一下。

不管你愿不愿意承认，工作中的友谊实际上只不过是某种意义上的交换关系。如果某人拥有的资源不够多，那么他可能会变成单纯的索取者，做不到公平交换，这时候所谓的友谊，也就会慢慢无疾而终。

李笑来在《把时间当朋友》一书中提到他小时候的经历特别有意思，他说："我小时候很喜欢看小故事书，但没钱买，找人借也没有人愿意借给我，后来攒了很久的钱买了一本，在我看完后，我就用我的故事书和别的同学互相借阅，借来的书又交换给别的同学，长此以往，我就看到了很多的故事书。长大以后，我才明白，当你没有资源的时候，没有人会愿意跟你交换。"

但如果一个人其实拥有资源，但他根本就不考虑拿来交换，还只是一味地给予，那么友谊的分量同样也会慢慢衰减。

只有索取和给予处于一种微妙的动态平衡，两个人的关系才会越来越紧密，友谊才会越来越深厚。

老好人的问题，就在于你给予的分量太轻，那么你索取的分量也会变轻。手里握有资源当然很重要，有了资源之后怎样分配，设置什么门槛和标准，让自己的给予分量变重，从而获得更有分量的反馈，同样也值得考虑。

交换的道道，奥妙颇多。怎么提高自己给予的分量？石头感觉，老好人们可以多尝试以下几种表达方式。

1. 真的不想干的，要直说

请把以下话术模板背下来：

"不好意思，我手头还有别的事。"

"对不起，我有别的安排了。"

"我实在忙不过来了，你找别人吧。"

"对不起，兴趣不是很大。"

"对不起，真的不行，不允许！"

抄写 1000 遍，情景模拟，让你再做烂好人！

2. 可以帮的，也不必马上说好

请把以下话术模板背下来：

"这件事有明确要求，应该如何如何。但你既然找过来了，我争取。"

"这件事我请示一下领导，行不行，尽快给你回话。"

"这件事其实跟我们一点关系都没有，但考虑到……，我们就……"

有门槛别人才会珍惜，一些团体或宗教入会的时候总是设置些奇奇怪怪的仪式，就是想提高门槛和难度。别只想做老好人，要想着做成事。

当然，不当老好人，不是说以邻为壑，处处掣肘别人，而是说实事求是，利用好"等价交换"这个人际交往的基本法则，该我做的我听使唤，不该我做的我得说清楚。

七、节后第一天，别只知道傻傻上班

快乐的时光总是短暂，转眼春节 7 天假期就要过完了。这些天，不断有读者在公众号后台留言：石头，马上就要回单位上班了，你不叮嘱我们几句？还有，要不要给领导同事带点儿土特产啥的？

新年确实需要新气象，在石头看来，假期过后重回工作岗位，下面这几件事比大包小包的土特产更重要。

1. 仪表

男同志洗洗头，刮刮胡子，不要让头皮屑在阳光下飞舞；

女同志梳妆打扮一番，喷点香水，搞得美美的，有意识地从村里二妮回归到安迪总监。

之所以要注意仪容，是因为不少单位都有惯例，上班第一天单位领导要到各办公室拜年，送上新年的祝福，邋里邋遢让领导看着烦。

2. 寒暄

新的一年，还是要有所表示，多说吉祥话，图个喜庆吉利。

至少走廊上碰到同事领导，得笑着道一声：新年好，给您拜年了！

如果有必要，也可以主动到各办公室串串门，问个好，寒暄几句，开开玩笑。

3. 慰问

一般情况下，新年开工，领导们都要到各处室走动走动，以示慰问。

如果领导们集体来拜年，听到声音就到门口候着，作为小兵不需要多说话，只需要保持好的精神状态，和领导握手，看领导有啥指示，说谢谢就行了，那些场面话是领导的事。

4. 拜年

如果科室之间相互拜年，跟着领导走就是，不要自己比领导还急，先去各个科室拜年。

拜年大家都喜欢讲吉利话，作为领导，可以多讲几句；作为下属，做好绿叶就行，简单祝福一两句就好了。

5. 整理

早点儿到岗，打扫一下办公室，规整一下桌面，看看有没有节前的工作还未清账，或者上交时限就是节后的，把比较急的事情稍微列一下，抓紧时间开始干活吧。

6. 特产

如果是从老家回来，带点零零碎碎的小特产，好吃的，有吉祥寓意的，每个办公室分一下，问声好。

比如，天津的得带点麻花，内蒙古的得带点牛肉干，海南的得带点芒果干。特产不值钱，更不违规，但心意很温暖。

7. 低调

如果上班第一天就拎着一大包土特产去单位，被不熟悉的人看到了总是不好，毕竟东西不可能人人都给到。

而且他们也可能会问你，比如在电梯里，不管你怎么回答都会比较尴尬，厚此薄彼怕是会引起不必要的麻烦。

所以，你最好早点儿到办公室，或者把特产提前一天提到办公室，再分送给领导同事。

八、微信里工作信息如何减少遗忘?

不管你愿不愿意，微信都在逐渐演变为一个工作工具。

领导发微信布置工作，同事发微信沟通工作，就连筹备个什么专题会，有人也习惯先拉个"××专题会筹备群"。同时，生活上的通讯也离不开微信，七大姑八大姨也会通过微信找你。

领导前脚刚发来微信：石头，通知个会，明天早上九点请××、××来我办公室；

还没来得及处理，老娘又发来微信：晚上带几个馒头回家；

还没来得及处理，同事老王又发来微信：有个情况请尽快报告领导……；

还没来得及处理，兄弟单位的小李又发来微信：兄弟，把你们最近的工作总结发给我参考一下！

正看着满屏的红点儿发呆，桌上的电话响了……

各种事项在微信上交织在一起，给石头带来极大困扰。

一是老忘事儿：微信上收到领导让通知第二天开会的消息后，注意力迅速被其他消息淹没，最后忘得一干二净，被领导一顿批。

二是文件总是找不到：微信上发的讲话稿之类的文档，如果没及时保存到电脑上，等到过几天又想用的时候一看，"文件过期，已经被清理"。

抱怨别人不该在微信上谈工作毫无意义，如何才能避免微信上提及的工作被遗忘？由于之前吃了不少亏，石头最近一直在琢磨这个问题，慢慢摸索了几条。

1. 置顶和标记未读

经过石头的实践，避免微信上误事，最好的办法还是置顶和标红。某一条对话涉及未处理事项，在这条对话的设置中打开"置顶聊天"，这条对话就会一直在微信对话中置顶，时不时能看到，就不容易遗忘。

另外，微信消息阅读之后，代表未读的小红点就消失了，这样很容易就会忘了，怎么办？

有个小技巧，在对话上左滑，可以把它们标记为未读，小红点重新出现，也可以起到提示作用。

2. 随手设置提醒

手机微信最近悄悄更新了版本。如今在聊天界面长按聊天内容就会发现，多了一个"提醒"功能！

【长按】选中聊天信息中需要提醒的某一句话或者文件、图片，选择【提醒】，就会弹出【设置提醒时间】的选项，选择要提醒的时间就可以啦！

到时间后，微信就会自动提醒你。

这个"提醒"功能，对做办公室工作的同志，乃至所有职场中人来讲，简直不要太有用。

很多"转头忘"的小事，终于能一键设置提醒了！

石头想到的，至少有两个频率非常高的应用场景。

场景一：在工作时收到消息，有工作需要处理，因为不在办公室或者在开会，不能立刻处理，或者手头有急活，不想立刻处理，又怕以后忘了，可以用"提醒"功能。

比如石头正在开会，收到某单位发来的电子文档，要我将一个材料打印转领导。

这时在接收的文件上长按，就可以看到"提醒"的字样，设置一段时间后，比如一个小时后差不多散会了，提醒我。

一小时后散会，刚回办公室，手机响了，一看，是微信提醒我了。正好打印文件转交领导。

场景二：重要信息的二次提醒，比如之后几天的会议、重要的电话，等等。

石头收到一个比较重要的会议通知，在本子上记下，同时也设置提醒，会议当天再提醒一下。

会议当天一早，手机提醒了，一看，下午有个重要的会。这下就不会遗漏了。

3. 收藏或转存到印象笔记

微信聊天中涉及特别重要或者可供参考的事项、文件或信息，要及时收藏到微信，也可转存到印象笔记，这样文件就不会被清理掉。

九、把备注通讯录提升到战略高度！

最近在写一个会议材料，似乎兄弟单位刚开过类似的会，石头急需联系兄弟单位的小王，把他们的材料找过来学习学习。

打开微信，搜了小王的名字——王勇，没有搜到。

不应该呀，明明前不久刚跟小王喝过酒，拍过肩膀头，肯定加了微信，怎么就找不到呢。

仔细回忆了一下，小王的微信名好像叫什么勇士。赶紧再翻通讯录，还是没有。

通讯录两三千人，不可能挨个找啊！没办法，到处打听可能认识小王的人。

绕了一大圈，总算在同事老张那儿找到了小王的微信号。

一看，原来小王微信名叫"大勇士"，石头一时手懒又没备注，怪不得在以"Y"开头的通讯录里咋也找不到。

瞥了一眼老张的手机，每个人的名字都很长，这引起了我的注意。

拿过来看了看，老张的微信通讯录很有特点，标注极为详细，比如："王天一理工大学办公室文电部负责人""张禾禾市委党校财经系副教授爱人在人民医院""李小小农科院后勤处副处长主持工作"。

甚至备注里邮箱、地址和手机号都写得很清楚。

石头有点惊讶，问老张：你的每个联系人都标注得这么清楚？

"这不应该是规定动作吗？只要联系过的人，我肯定第一时间做好备注，单位职务写清楚。我有时候连分管什么、谁和谁是夫妻、有啥熟人关系都标注，要不你怎么记得住。标清楚了下次找起来方便，找人、找单位、找关系，都不耽误工夫！"

老张的话让石头陷入沉思。

尽量详细标注联系人，首先当然有助于提高效率、避免遗忘，但石头觉得老张抓住了更深层次、更重要的一点：**详细标注联系人，是构建自己广泛弱关系的起点和基础。**

什么是弱关系？那些你不经常联系，但又有点认识，可以联系上分布在不同领域的人际关系，就是弱关系。

这些人并不会经常出现在我们的社交圈里，但分布在各个领域行业，有可能给我们提供行业之外的重要信息。

相反，平时我们频繁接触的亲人、领导、同事、同学、朋友，就构成了一种相对稳定但传播范围有限的"强关系"。

很多人可能觉得，"强关系"才更可靠，也更重要，毕竟大家日日相处都很熟悉，对自己帮助或许更大，多搞搞"强关系"就行了。

但其实，弱关系虽然不如强关系那样坚固，有时候也会为你打开另一扇门。

为什么呢？因为强关系意味着生活和工作的圈子重叠度大，相似度高，你知道的他也知道，你能办的他也能办。

而弱关系，往往意味着他知道的你不知道，他能办的你办不了。所以，有些时候，弱关系恰能给你最有效的帮助。

真正有用的人，往往藏在你的弱关系里。人家介绍一下经验，给些指点，帮忙牵牵线，其实是举手之劳，但对你或许就意义非凡，能让你少走好多弯路。

比如这次联系上小王，要来了他们单位的材料，石头至少少加了两天班。

当然，建立弱关系，因素很多，并非认识了、联系上那么简单，你自己的位置、人品、资源，对方的性格、品行、想法，都会有很大影响。

但老张这种主动构建自己"弱关系"网络的意识，石头觉得很值得学习。

如果你在通讯录里找不到这个人，压根联系不上他，对他的领域和工作也缺乏了解，弱关系根本无从谈起。

第一时间做好通讯录备注，把你掌握的关于某人的信息全面加以记录，就是你构建自己弱关系的第一步，更是基础工程。

与其在饭局中绕来绕去，不如先做到第一时间备注陌生人的通讯录。

第五章

态度：工作可以商量，态度必须端正

chapter 5
〈〈〈

一、舞台再小，也要学会给自己加戏

1. 螺丝壳里做道场的保安

大厦地下车库有一大片专用停车场，是石头单位车队的驻地。虽然物业安排了保安在专用停车场维持秩序，但效果只能说差强人意。时常有外单位车辆随意进入专用停车场，保安往往睁只眼闭只眼，最后发展到车队的车竟无处停放的地步。

在石头单位多次抗议下，物业终于换了保安，没多久，停车场秩序焕然一新，外单位车辆侵占车位的事很少再发生。石头开始时常听到同事称赞这位保安，起初并没在意，直到好几次在地库碰到这位其貌不扬、微胖甚至乍一看有些木讷的保安和不同的领导谈笑风生，才引发了石头浓厚的兴趣。

经过一段时间观察，石头对这位保安佩服得五体投地，在地下不见阳光的方寸之地，他是按下文所述的方式工作的。

首先，对于看管专用停车场的本职工作，他一丝不苟。

专用停车场门口并没有什么自动识别装置，要看住车位，只能靠人一刻不停地在入口辨识。以前的保安，责任心强的还能勉强做到高峰期盯在门口，大多数要么心不在焉地在门口坐着，要么躲在一边玩手机不见人影。

这位胖保安则不然，他似乎把停车场入口当成了哨岗，或是像解放军战士一样站在入口，抬头挺胸，姿态昂扬，对试图进入停车场的每一辆车都认真核对，或是在停车场来回巡视。

其次，不吝于做本不该一个保安做的事。

他给司机们提供引导服务。只要看到车队的司机发动汽车准备出发，他就会跑到电梯口，一旦看见领导出了电梯，马上指挥车往前开，停到离电梯间比较近的位置，方便领导上车。

他维护地库车辆秩序。有时地库车多拥挤，他跑前跑后疏导交通；有些女司机倒车困难，他也认认真真指挥人家倒车；甚至在专用车位之外，有人在车道上停留、停车，他也要上前劝阻制止。

他随时上前帮把手。有一次石头往车上搬一箱水果，为了省点力气，把水果放在他的哨岗，说先放这儿，把车开过来再装车上。结果，石头刚把车开过来，正准备下车，胖保安已经搬起水果放进了石头的后备厢。

最让人叹服的是，他竟然为自己找到了直接为领导服务的机会。

按说，作为一名停车场保安，再怎么认真工作，也很难跟单位领导扯上什么关系，胖保安硬是干出了花。

停车场和大厦电梯间之间有一道门禁，需要刷卡开门。一次石头刚出电梯，正准备往停车场去，看见胖保安气喘吁吁地从停车场跑过来刷卡开门，然后一脸严肃地拉着门做出请的姿势，还没来得及问他这是干什么，就发现他身后有单位领导刚下车，正往电梯间走来。

哦，原来胖保安是提前来开门禁，让领导可以长驱直入。胖保安已经在某种程度干起了秘书的活，怪不得能和领导谈笑风生。

前几天石头听说，本来胖保安要被物业公司安排轮岗去大厦巡逻，硬是因为领导和群众的一致认可给留了下来。胖保安还年轻，他的人生故事或许才刚刚开始，有此悟性，石头笃定这个小伙子会有大好前程。

胖保安给石头上了一课，极好地诠释了什么叫榜样在身边，什么叫知识与能力不能画等号。

2. "好用"的女经理

中午接到一位老同学的电话，要石头在校内某餐厅帮定一个包间，晚上用，老同学打前台电话已经订不上了。这个餐厅生意一直火爆，石头打电话找到餐厅女经理，女经理很给面子，经过一番协调，腾出一个包间给石头。

结果临近晚餐饭点，该同学又紧急呼叫石头，说是另有安排，不用包间了。没办法，石头只好硬着头皮再给女经理打电话，请她见谅，赶紧取消预订，再作安排。

石头内心有愧，人家经理挨个给客人打电话，好不容易腾出一间房，这说不去就不去，会不会影响人家做生意？于是嘴上一直连声抱歉。

让人印象深刻的是，本以为女经理会抱怨、冷漠，至少有点失望，不曾想，接到电话，她没有表现出丝毫的不悦，仍然热情洋溢地应承，对石头的抱歉，人家的应答是"没问题没问题，一点事没有！"一如订房间时的殷勤态度。让石头僵硬的头皮不由得酥麻放松下来。

石头回忆了一下，这似乎是女经理一贯的作风，订房间、结账、消费她笑颜如花，放鸽子、提难题，甚至着急发火，店长一样不急不恼。

这就是一种很高的境界了。容易的事、皆大欢喜的事，往往看不出人的能力和境界，遇到烫手的山芋，事情发展不如愿的时候，才更考验一个人的处世智慧。

石头想，大家都愿意找这个女经理，很大程度上是她能和颜悦色地处理掉让人不悦的事情。订房间，来消费了，当然大家都是捧着追着，态度好是自然而然的；退房间，退好不容易调出来的房间，这本是让人皱眉的麻烦事，就客户本身而言，也有些心理压力，理亏啊，言而无信了啊。女经理却心平气和地处理了麻烦事，而且一如既往地热情，没有质问，没有不悦，甚至没有一丝不耐烦，让客户略带压力的心情得以释放和缓解。无论何时，客户都可以不带压力地和这位女经理打交道，交代好办的事和不好办的事，这就是她的核心竞争力啊。

由此引申到办公室工作，石头自觉不如这个经理。正常的工作当然尾巴还藏得住，碰上活动时间再三更改、接待日程一再调整、领导指示一再变更，难免时不时就会表现出焦躁、郁闷乃至不满。可以预见，这种负面态度出现频次多了，同事和领导就会在与你沟通工作、布置任务时有畏难情绪，进一步发展下去，就是敬而远之和弃而不用。

这不是危言耸听。之前石头办公室有两个实习学生，一个态度恳切，凡事都打包票完成；另一个态度也好，但布置的任务多点或者麻烦点，就要找些上课之类的理由来搪塞。久而久之，大家有什么事都只想交给第一个实习生了，是啊，何必去自找不痛快呢。

无论职位高低，人在任何时候都不想背负压力，都害怕被轻视、抱怨和拒绝，这是共通的。给你布置任务的时候，领导和同事有无心理压力，有无被你拒绝的心理预期，人们常在办公室里说的一个人"好用"与"不好用"的区别，大概就在于此。

身处职场，我们难免会为岗位太基层、平台太小、工作太琐碎感到绝望。

在抱怨之余，或许可以想想那个保安和女经理，与他俩相比，**我们大多数人的舞台都比他们大、平台都比他们高，但扪心自问，是不是往往连在自己舞台上、剧本内的戏份都还没演好？** 更别提自己给自己加戏了。

二、越主动越加分

这几天，总是听到同屋的张处表扬兄弟单位的办事员小李。张处本是个很挑剔的人，看谁都不太顺眼。

石头还以为小李干了什么石破天惊的大事，一问老张，结果是件小到不能再小的事儿。

兄弟单位的图书馆很大很舒适，张处正在准备某考试，想找个地方上自习，于是拜托小李帮他办一个图书馆的借阅证。

小李当然愿意帮忙，只需要张处赶紧把填好的申请表给他们交过去。偏偏年底材料多，张处一直没顾上填表。

结果小李穷追不舍，一天要追问张处好几遍，催着他赶紧交表。

就因为这件事，老张对小李的印象好极了。他说，明明是我求他办事，没想到他却这么主动，搞得跟他求我似的，这个小同志，工作很主动，是个人才。

主动一点就有这么大的魔力吗？会让人这么爽？还真是。

大家都喜欢主动的人，甚至会依赖主动的人，是因为大多数人更愿意躺下来享受。正因为大部分人不想自己动，想让别人动，所以主动的人就占便宜。

别人主动是多么让人熨帖的一件事情啊。不少拍给直男看的电视剧爽剧，经典情节往往是某个大美女因为一点小事爱上了平凡的男主角，穷追不舍，主动出击，最后男主角坐享其成。

被动是一种根植在人性中的惰性，所以说主动的人总是因此而受益。

就好比，大家都想坐在家里等着吃饭，上门送外卖的餐厅就能赚钱。

任何事情，一定是越主动，机会就越多，成功的可能性就越大。在职场，可以预见的是，从小白到大神，看似有很长的路，主动并用心就是捷径。

但麻烦的地方在于，主动在某种程度上是性格，有些人天生就主动，喜欢折腾事，没事干就心慌气短；有些人天生就不主动，多一事不如少一事，有空了宁愿发发呆。

难道天生被动的人就死定了吗？当然不是。

有些人天生会撩妹，即兴发挥就能把妹子逗得前仰后合；有些人天赋虽然一般，多背几个冷笑话也能找到女朋友。工作的主动性，并非不能后天学习和培养，石头觉得，关键是平时要有主动意识，当自己犯懒的时候、难为情的时候，马上察觉到这是不对的。

前段时间，石头非常尊重的一位厅级老领导突然发来微信。他自己办了一个公众号，发自己的工作感想和体会，让石头多转发分享，言辞恳切，让石头有点受宠若惊。

"拜托您将我的公众号二维码转发到您自己的朋友圈中，让您的家人、朋友，老师、战友，同学、同事，共同分享职场体会、成长经历、人生感悟。独乐乐，不如众乐乐！"

这让我很受教育。石头自己办公众号的时候，都是悄悄地进村，打枪的不要，不好意思跟人说：哎，你帮我宣传一下，哎，你帮我转发一下。

老领导身居高位，如此年龄，如此地位，却还愿意为自己在乎、喜欢的事情主动出击，甚至不惜屈尊向小年轻求转发。

可以想见，老领导在工作中是怎样主动的一个人，对待领导和同事又会是怎样一种主动的状况。有时候，我们只是被自己的想象限制了行动。其实，只要我们主动出击，或许会有意外惊喜。即使没有惊喜，又损失什么了呢？主动，才能赢得未来。

工作的主动性，并非不能后天学习和培养。石头觉得，关键是平时要有意识地做到这几条。

1. 回复与反馈

事情交代下去，工作布置下去，几天过去没有声响，好像石沉大海似的，最容易让人觉得你工作不主动。

石头刚到办公室时也出这种问题，大事、拿不准的事、难落实的事还时不时想着跟领导及时汇报，到了通知、传话、寄东西、送材料这种小事，觉得无关紧要、不足挂齿，反倒懒得再多一句嘴。

后来办公室里有了实习生，经常会请实习生帮自己做一些杂事，比如，让实习生去寄快递，心里就会惦记要看到快递回执单；让实习生通知一个会，就老想问问是不是都回复了；让实习生出去接嘉宾，就老担心有没有按时到，有没有顺利交接上。

这才逐渐能够体会到领导布置工作之后的心态。领导把事情交给你了，即使是小事，但事实上还是脱离了他的视野和掌控，这和他亲自去办是完全不同的，他无从知道办了没有、办到什么程度，此时的领导大概就像在黑夜里转悠摸索的人，焦虑的等待是一种很自然的心态，产生这种焦虑并不是他不信任你，这只是一种人性。

而你的及时汇报和反馈就像黑夜里的灯塔，会让他倍感安心甚至欣喜。打个不恰当的比方，就如同你跟心爱的姑娘表白之后，攥着手机到哪儿也不愿撒开，时刻期盼姑娘"我愿意"的回复一样。

将心比心，换位思考，无论领导交办的是多么微不足道的小事，是不是都应该有个回应、有个声响呢？只有你的及时反馈和回复，才能让如热锅上蚂蚁般焦虑的领导放松下来。

2. 出现意外和变化及时通气

办公室工作头绪多，经常出现变化。会议的时间说改就改，嘉宾说不来就不来，头天布置的稿子说不需要就不用写，这都是很正常的现象。变化会给我们增加很多工作量，面对变化，抱怨没有用，只有及时通气才能展现主动和担当的姿态。

变化出现的时候，一定要及时汇报给你的领导，以及相关可能受到影响的其他同事。

有些人，情况出了变化，别人不问，自己也不讲，结果害得一大堆人跟着做了无用功，甚至活动出现重大纰漏。他还不以为意，觉得这不是他的问题啊，都是不可抗力啊，真是该抽。

石头就曾碰到这种人，开始通知你某天某个活动要准备PPT，一定要认真做，主要就是展示PPT。结果熬夜弄出来了，到了现场才告诉你，时间不够，PPT展示环节取消了。那感觉，真是恨得牙根疼。

3. 追问

面对工作，单纯的应允当然说不上犯了什么大错，但确实让人感觉缺了点儿主动。

追问可以显示主动，让人感觉到你有加深对工作理解和认知的强烈意愿。

稿子布置下来了，有些人一言不合就开写，管他三七二十一；有些人则不急不躁，不断地追问领导：领导啊，跟您确认一下，有没有语言风格上的要求？有没有一定要表达的意思？有没有什么背景材料？有没有字数限制？有没有完成时限？等等。

显然，不断追问的人给人感觉上要主动得多，领导肯定不会因为你的追问而愠怒，而只会对你保质保量完成任务更有信心和把握。

同时，从工作完成效果上看，敢于追问的效果肯定好。一言不合就开撸，跑偏的可能性极大，搞不好就要推倒重来。

4. 多做一点，做深一点

揽事不是个好词，很多人对办公室分工肥瘦不均，累的累死、闲的闲死的现象深恶痛绝。

确实，石头也觉得，就整体而言，分工有序、各尽所能、权责明晰、赏罚分明的运转状态才是一个单位最健康最有活力的状态。一个部门或单位如果只靠几杆枪强撑着，其他人都在耍花刀，肯定不是长久之计。

但是，就个人而言，在力所能及的情况下，主动把分内的任务领回来，主动承担一点非自己工作职责的事情，主动在基本要求之外把事情想得再深入一点，再额外多做一点，都会让人生出额外好感，这是四两拨千斤的划算买卖。

举个很简单的例子。同样是给领导送报纸，小李止步于"送"，每天把当日的书报一卷，往领导案头一堆就算完了；小张机灵多了，把不同报纸分类叠放整齐，杂志、信件井然有序，甚至看上去比较重要的信件、当天报纸上与工作相关的重要内容等还会适时提醒领导。你说哪个会让人觉得主动呢？

石头所在的办公室曾有两个实习生——小王和小马，石头经常安排他们去楼上的单位值班室预定会议室。会多的时候会议室常常不够用，要靠抢，还要反复找外部门协调。

小王回来常会告诉你，想订的会议室被别人订了，问谁订的，不知道，问其他会议室有没有人订，也不知道。

小马回来也告诉你会议室被别人抢先订了，但把谁抢先订了会议室，其他会议室有没有人定，联系人是谁，都工工整整抄在了一张便笺纸上。石头对小马立刻刮目相看。

2020年罗振宇在跨年演讲里提到一个词，叫苟且红利，石头觉得特别生动，很受启发。所谓苟且红利，是指虽然看起来所有人都在做事，但是其中有大量的苟且者。

你只要稍微比他们往前一点点就能享受到的红利，也就是在别人觉得没必要的地方，自己坚决不苟且，并且在别人不那么认真的地方，自己多较劲一点，自己深想一步，多认真一点，你就能享受到别人的苟且给自己带来的红利，就会收到几何倍数的回报。

5. 推进

推进是我们写稿子常用的一个词，而且往往就是和"主动"连在一起用，主动推进改革、主动推动工作，等等。这说明，只要我们"推进"某事，就会显得主动了。

在百度百科的释义中，推进的意思是，对事物的运动状态施加影响，使其继续朝一定的方向运动（向前运动）。具体到工作中，推进其实就是一直盯着某事，不断解决疑问和困难，让事情向完成的方向进展。

前面几条主动工作的办法都相对明确，好上手。最后这条"推进"却相对模糊，不那么好理解，上手也更复杂。原因在于，推进不是单个的行为或步骤，而是一系列综合行动的集合。

在石头看来，要使事情持续向前进展，"推进"至少应包括：

经常性地询问进度，了解事情的进展情况，并对上汇报对下通报；对当前存在的问题以及影响进度的因素发起讨论，并寻求可解决的方案或路线图；争取各种内部外部资源，人、财、物、政策等。

拿办会举例，领导让你负责某次学习上级全会精神，积极推进的状态应该是：

你首先得追着领导把日期和参会范围定下来；然后拟定议程并报批；然后协调相关部门，把会务、材料、嘉宾等各个组的任务协调下去；然后根据会议时间倒推，不断督促各个组的工作进度；有主讲嘉宾来不了，及时报告，通过各种途径寻求替代方案；最后把会开成功。

不积极推进的状态则是：

只等着领导定时间，领导忘了说，我也装傻，最后六中全会过去半年了学习会也没有开。

做到以上几条，基本就能从一个被动的、只能接受任务的同志，转变为一个主动的，可以积极反馈、推动工作的同志，不断给领导和同事以惊喜，你的办公室生涯，或许也就豁然开朗了。

三、求人帮忙，你的姿势对吗？

这几年，因为做公众号，连接了更多的人，石头找别人帮忙多了，别人找石头帮忙也多了。

将心比心，总结经验，我发现求助这件事，技术含量很高。

求助的姿势不对，不但事情办不成，可能还把人给得罪了，比不求助的负面效果大多了。

不求助，顶多也就是孤苦伶仃；不会求助，则很有可能成为一个狗都嫌的讨厌鬼。

1. 不要上去张口就问

不少人找人求助丝毫没有心理障碍，一方面这是件好事，求助的主动性有了，但若是把握不好，就容易造成骚扰。

比如，有一种问题，我一看到就会崩溃：石头，《秘书工作手记：办公室老江湖的职场心法》在哪里买？

按说有人想买书，我应该高兴才是，但我真的很怀疑，问出这种问题的人，看书能有多大收获。

随便哪个搜索引擎搜一下，或者京东、当当、淘宝搜一下，很容易得到答案。

问这种问题，一方面，说明他从来不买书、也不看书；同时，还暴露了他获取信息的能力低下，让人看轻。

能自己很容易解决的事情，不要动不动张嘴求助，不然只能招人厌烦。

互联网上啥都有，人们获取信息的成本大大降低。善用网络寻找答案，能更快、更精准、更全面地找到自己想要的东西，这种方式甚至比找人打听、内幕消息都管用。

求助的时候，千万别一上去就问，先自己尝试着解决一下再说。

我们请人帮忙时，要让自己的"忙"尽可能轻，这里的轻不是说得云淡风轻，而是让别人帮你的成本尽量降低。

有问题先用网络找找答案，假如确实解决不了，再带着自己已有的探索基础去求助，效率高得多，也更能体现求助者的水平和好学的品质。

2. 别强人所难

找人帮忙的事儿，对别人最好是举手之劳，不用耗费太多精力和资源，如果需要人家使出九牛二虎之力，那你就得好好掂量一下，自己能不能支付相应的对价了。

比如，有人会在后台请求帮助：石头，能不能帮我写篇总结材料？

看到这种留言，气得我一口老血喷出来，简直搞不懂这类求助者的脑回路，我自己写材料都要累得腰椎间盘突出了，你怎么那么好意思呢？

面对这种无理要求，我的回答也很实际：可以啊，1万块钱一篇，要不您多来几篇？

是啊，你占用我几天时间，不得给我1万块钱，不得支付对价？

然后就没有然后了，从来没人掏出钱来，让我做成这笔代写材料的生意。

麻烦别人最好的效果，是这件事情对你很重要，对他而言却不需要花费太多的精力，正好在他的掌控之下。

还有些人，提出一件难度很大的事，事情没办成或是没达到他的预期，就在背后说帮忙的人不够仗义，这就更差劲了。

3. 全面如实客观地说明情况

求助确实需要理由，"当我们请别人帮忙时，如果能够讲出一个理由，那我们得到别人帮助的可能性就更大。原因很简单，人们就是喜欢为自己所做的事找一个理由。"

但求助的理由一定不能是编造的，必须是实事求是的。

有些人为了获得帮助，会撒谎欺骗，这实在是让人恼火的一件事，用句土话讲叫"好心当成驴肝肺"，到头来真相水落石出，搞不好底裤都会输掉。

之前闹得沸沸扬扬的河南"高考答题卡调包"事件，大家摩拳擦掌、义愤填膺要出手相救，搞到最后竟然是几个小孩撒了谎，让人大跌眼镜。

石头也曾遇到过这样的事，曾经有人在后台留言，说他的同事特别喜欢看这个公众号，也很想读一读《秘书工作手记：办公室老江湖的职场心法》，但家境贫寒，家里有病人，承担不起购书的费用，问我能不能送几本书给他同事。

虽然有点难以置信，连40多元的书款都承担不起，这地方公务员咋困难到如此程度，但想到脱贫攻坚任务确实很重，还是动了恻隐之心，签上两本书给寄了过去，请他一定转交给不幸的同事。

后来，这位老兄又有事找我，先拍我的马屁，说我送他几本签名书他都珍藏着，这才说漏了嘴。哦，哪有什么贫寒的同事，无非骗两本书罢了。

求助的时候如实客观说明情况，应该是个基本道德，如果事情办到一半发现其本来面目根本是另外一回事，搞不好连帮忙的人也要掉坑里，这不是害人嘛。

4. 减少对方的工作量

如果别人答应帮忙，你也不要认为这是理所应当的，更不能把所有事都丢给对方，而要想一想，自己还能做点什么，减少对方的工作量。

比如有个事你搞不定，请同事帮忙了，你要主动问帮忙的同事：你手头的事儿，有什么我能帮你的？尽量不要让他因为你的事儿，承担过大的压力。

找领导帮忙，就要更周到些。比如，一件事你协调不了，催下属单位交总结怎么也交不来，你找到领导，"领导，麻烦您帮我在群里发个微信吧，督促大家赶紧把总结交上来！您说话比较好使。"

为了减少领导的工作量，你完全可以模拟领导的口气，代替领导把这条微信拟好，"领导，麻烦您帮我在群里发个微信吧，督促大家赶紧把总结交上来！您说话比较有分量。微信我已经帮您拟好了，一并附上，请您审阅。×××。"

这样他就不用再费劲自己编写微信，肯定更愿意帮你这个小忙了。

5. 及时感谢

这一条是最能体现人品和水平的。

得到了帮助，该感谢的要感谢，该报答的要报答。

石头见过做事特别周到的人：

你送他一本书，他都要写封信来感谢，还深入地谈了阅读感受；你帮他问个事，他转眼就寄来几箱土特产；明明是正常的工作衔接，职责所在，活动办完了他也要发短信感谢你帮忙协助。

这样的人，怎么叫人不喜欢？

《礼记·曲礼上》讲："礼尚往来。往而不来，非礼也；来而不往，亦非礼也。"求人帮忙，一定要懂得感恩。

而且这个感恩，不光要在心里想，也要体现在行动上，说几句感恩暖心的话，送个伴手礼小玩意，得让人知道。

好的关系从来不是单向的，一定是互动的过程。心怀感恩，彼此帮助，关系才能长久。

6. 可以戴高帽，也可以给些压力

人都有惰性，被找到帮忙的时候，哪怕再热心的人，也有怕麻烦的心理，有时遇到稍微复杂一些的事，甚至想着要不拖一拖算了。

所以，想要办成事，还得适当督促一下你要求的人。

督促可以有两种方式：

一种是戴高帽，一言不合就夸呗，"老李，那个事你还多费心，也只有你有这个本事。""我也想过其他人，能靠得住得也只有你了。"对方收到了言语上的贿赂，一般来说还得上点心。

另一种是施加适当的压力，在不打扰的情况下，言辞恳切的追问、提醒能给办事的人一点压力，这种压力如果把握得当，对成事很有帮助。

你如果自己都不催问，人家可能就混混过去了。

7. 表明自己的价值

表面上看，求助是一方对一方的单方施惠，其实不然。

对方之所以愿意帮你，根本考虑还是在往自己的人情银行存钱，以后有可能拿出来用的！

你的价值越大，他帮你一次，存的钱就越多，以后人情的价值大，那当然帮忙的积极性就高。

所以，该表明自己价值的时候，没必要害羞，说出来："我是×××，我在×××，主要负责×××，有什么用得着的地方您吩咐。"

如果你是有价值的，得到帮助的可能性会大得多。

《巨婴国》中说：很多人怕麻烦别人，但是，不麻烦彼此，关系也就无从建立。有这种麻烦哲学的人，难以发出对关系的渴望，所以势必会退回到孤独中。

所以，愿意求助是件好事，有研究发现，帮忙也会上瘾。人们对自己帮助过的人，会更有好感，态度也更友好。

但同时，还是要有技巧地求助，这样才能让别人舒服，自己也受益。不要怕求助，更要会求助。

四、可以不会，但要耐烦

曾国藩说，耐烦为居官第一要义。今天，我们把"居官"替换成"上班"同样成立：耐烦为上班第一要义。石头工作时间越长，就越品出其中的道理来。

每天早上一坐到办公室，就要面对领导的无理奇葩要求，挺烦的；就要面对同事的喋喋不休，挺烦的；就要面对层出不穷、永远干不完的工作，挺烦的；就要面对反复折腾变化的标准要求，挺烦的；就要面对非常复杂困难的任务，挺烦的……

在单位端饭碗，与这些烦心事周旋，"耐烦"是唯一的出路，时时刻刻耐烦是一项必需的修炼。水平可以不高，态度必须到位。

为什么要耐烦？怎么个耐烦法？石头试着讲讲其中的道理。

从小到大，我们受过不少平等主义教育。确实，人和人在人格上是完全平等的，只有分工不同，没有高低贵贱之分。但在科层制的单位里，正是这个分工，导致你和领导之前所处的身位发生了很大变化。

领导就是可以决定你的岗位，决定你的工作内容，决定你的待遇，决定你的晋升。你虽然不一定服气，但也毫无反抗之力，事实就是，你基本上就是听人差遣，被人决定，什么也决定不了。

如果这种决定和被决定的关系运转不畅，那说实话，一个单位或者说科层制组织就没有存在的必要了。既然各玩各的，咱为什么还要待在一个院子里呢。

差遣人，就是领导所处的身位。听人差遣，就是一个新人所处的身位。背后有整个单位和一整套机制为这种决定和被决定的关系提供支持。

当然，决定和被决定的关系运转还受到很多因素的影响，有时候会摩擦，有时候会失灵，但只有充分理解你被支配的位置，我们才有可能稳定自己的情绪，真正做到耐烦。

是呀，你的身位决定了你什么都没有，什么都不能做，不耐烦，又能怎样呢？

还有些人不耐烦，倒不是因为摆不正位置，而是因为不服气，总觉得自己的观点十分正确，领导的观点十分荒谬。

其实，你站在山脚下，只盯着自己的一亩三分地，领导站在山顶上，上上下下前前后后张三李四王五赵六都要考虑到，对事物有不同的看法太正常了，他的苦衷和考虑未必能向你言说。

新人常犯的错误，就是想在单位追求"正确的事""真理"，其实，哪里有什么真理，大多事情，往左也行，往右也行，关键是领导想往哪去，这一点，越早想通心情越舒畅，越晚想通越憋屈。

如果实在想不通，也没关系，态度是第一位的，装也要装出耐烦的样子。

综上，当领导让你加班的时候，反复改稿子的时候，甚至做一些看似荒唐无用的事的时候，心里再不理解再烦闷，态度上也别表露出来。

下属表露出不耐烦，是领导下指令时，极度畏惧也最为反感的一件事。**正确的做法是，该应承应承，该好的好的，语气还要殷切温暖。**

无论他提的要求或者意见你有多不认可，只需要说"没问题，马上改"就行了，至于事情下来怎么做，做得成做不成，或许还有转圜余地，还可以接着商量。

五、开会打瞌睡的人没有未来

最近，时常有人因为开会的时候打瞌睡、玩手机，被单位严肃处理，大好前程断送不说，有些甚至丢了工作。

有读者心有戚戚，也想替他们鸣不平，给石头留言说：石头，他们有点冤，有的会明明可开可不开，索然寡味、长篇累牍而无实际意义，五分钟就能讲清楚的事，非用一两个小时，如果上面讲话的人简明扼要，偶尔生动幽默，打瞌睡的人可能会少很多。

确实，有时候会很多，搞得人很疲惫，开会时总忍不住打瞌睡，又怕领导看见。

但你要知道，会议本质上是一场仪式，具有强烈的展示意味。每当你眼皮无力支撑的时候，想想石头前面苦口婆心表述的观点，跟领导开会，不仅是工作，更是一种表演和展示，一种机会和待遇，有了机会，就要珍惜。

开会的基本功——"坐姿端正、目光炯炯、奋笔疾书、频频点头"的16字方针时刻不能松懈。

1. 开会是一次展示

曾经石头对这件事也没有太多感觉，领导在台上，自己在台下，偶尔走走神，打打瞌睡，无足轻重。

后来自己开始上台讲，才知道台上看台下有多清楚。小时候上课老师说过，你们在下面干什么我在讲台上都看得一清二楚。当时不以为然，等自己能上台的时候，才发现老师诚不欺我。

有一次，从我刚开始讲，台下坐在中间大概五六排有位男同志就在闭目养神，偶尔现场气氛热烈了，才抬一下眼皮。

结果，这场报告讲下来，我最关注的就是这位男同志。

他的眼皮时刻牵动着我的心情，他抬一下眼皮，我就觉得受到了莫大的鼓舞，他闭目养神，我就觉得遇到了巨大的挫折。

这时才明白，**在台上讲话的人，是怀着怎样一种迫切、忐忑的心情，在寻找台下热切支持的、期盼的、肯定的目光。**

同时又会多么记恨那些漫不经心的、打瞌睡的、吊儿郎当的人。

所以，不要以为自己坐在台下，领导就发现不了你在打瞌睡。

当你开始打瞌睡的时候，就仿佛在领导面前开始了一场个人秀，极其蹩脚的秀，极其刺眼的秀。秀的是对领导的极不尊重，秀的是自己的极度慵懒。谁敢用一个既不尊重领导，又一身懒肉的人呢？

搞不好，领导就会记你一阵子，甚至一辈子。

现在视频会多，会场状况都记录在案，甚至"现场直播"，更不能大意。开会打瞌睡的人没有未来（见图5-1）。

图 5-1　开会打瞌睡的人没有未来

所以，开会的时候，困了，咖啡浓茶安排上，再不济风油精点上，一定要保证"坐姿端正、目光炯炯、奋笔疾书、频频点头。"

2. 开会是有效时间

就事论事地说完开会打瞌睡，石头想再多讨论两句。

开会打瞌睡这件事背后，其实是一个人对工作中有效时间的认识和把握出现了问题。

我们每天看似忙满 8 个小时，有时还要"996""白加黑""五加二"，但真正有效的工作时间，实际上非常少，能有两三个小时集中注意力，真正在解决问题，在做有价值的事情，就很不错了。

有的时候在等别人交活，有的时候在等领导指示，有时候在晃悠，有时候在反复折腾。越是身处复杂的组织，付出的冗余时间就越多，而且你很难反抗。

琐事可以做，但要把有限的工作精力，花在有效的工作时间上。什么是有效时间，不好一概而论，但仅就职场来说，有个标准很重要，那就是这件事情领导能看得到，能对你产生长期价值。

比如，克服了心理障碍，鼓起勇气推开领导办公室的门，汇报了思想，领导也有正反馈；又或是上面刚开完某工作部署会，你写了一篇本系统如何落实的理论文章，上了系统的网站，大家反响不错。假如每天都有一件这样的事，长期来看那就不得了。

开会未必能实打实地解决什么问题，但对于你在职场的显示和成长来说，开会绝对是当仁不让的有效时间。石头前面也说了，你平时吭哧吭哧工作，领导未必看得到，起码大领导看不到。但有单位领导参加的会议，无疑是个展示自己的难得机会，宁可先把手头的日常工作放一放，也要精神饱满地出现在会场。

这样的有效场合、有效时间你都把握不住，还指望什么发展呢？

六、钝感力强的人走得更远

前几天，石头听说一个熟人辞职了。这位仁兄石头极为佩服，当过记者，文字能力特别强，本来，在单位也是很受重用的，经常承担一些急难险重的活，他也发挥特长，给单位搞出不少新口号、新花样，前景一片大好。

坏就坏在他的敏感上。因为一个业务上的小事，分管领导说了他几句，不知他是被表扬惯了还是怎的，他大概觉得丢了面子，当众跟分管领导顶了起来，两个人声音都很大，搞得领导下不来台，于是乎，趁着轮岗的机会，坚决把他调到了一个边缘单位，坐上了冷板凳。

他毫不觉得自己的行为有任何不妥，坚称自己是对工作负责、对事业负责，决不能忍受这样的调整安排，于是丝毫不考虑同事劝他稍微冷静，以求东山再起的建议，愤而选择了辞职，领导和单位竟然也毫不挽留，迅速给他办了手续。

石头认可这位仁兄的能力，但也预感到，像这样钝感力欠缺、"不皮实"的人，不管到什么单位，能力再强，恐怕也难有发展。

"钝感力"，这个石头非常喜欢、也时常念叨的词，其实是日本作家渡边淳一的发明。如果通俗点理解，或许就相当于我们平时挂在嘴边的"耐造""皮实"。

按照渡边淳一的解释，"钝感力"可直译为"迟钝的力量"，即从容面对生活中的挫折和伤痛，坚定地朝着自己的方向前进，它是"赢得美好生活的手段和智慧"。钝感力有五项铁律：一是迅速忘却不快之事；二是认定目标，即使失败仍要继续挑战；三是坦然面对流言蜚语；四是对嫉妒讽刺怀感谢之心；五是面对表扬不得意忘形。

看上去有点鸡汤，但身处职场的长跑中，钝感力确实是一种非常宝贵的品质，你的命再好，总会有被批评的时候，总会有进步慢的时候，甚至可能有因为遇到一个气质不和的领导而被放弃的时候。**在困境中、低落时，能否保持自信与坚定，保证自己的精气神不被打散，继续爬起来战斗，或许最终决定你能到达的高度。**

1. 没有那么多人在意你

认识到"没有那么多人在意你"这件事，是培养钝感力的第一步。

有些人自我意识太强，总觉得别人在关注他、针对他，面对领导一个眼神，他们会胆战心惊，担心是不是工作没做好；跟领导打招呼，领导在忙没回应，他们会想是不是把领导给得罪了；稍微犯了点小错，别人压根都没注意到，他先自己脑补了最坏结果，比如，会不会一辈子翻不了身？会不会被领导打击报复？会不会要提拔的时候给我使绊子？

这样的人，对别人的无意之举太敏感，喜欢过度解读别人的言行，让自己活得小心翼翼，平白无故给自己很多压力。长此以往，精神状态堪忧，处处掣肘自己，啥事也做不成。

其实，你在这个世界根本就无足轻重，没有人指望你是不世出的圣人、白莲花，从自我出发，只要尽心尽力做了那就是好了，有什么问题，改正过来就好了。

2. 不怕挨骂

有些人面子薄、心思敏感，只要被领导批评过一次，负面情绪一下子都涌上来。觉得领导对自己有意见、不满意，觉得不服气、愤懑，觉得心虚、吓破了胆，如同惊弓之鸟一样，很长一段时间看见领导都恨不得绕着走，碰到了连招呼都不敢打，食堂碰见就想装不认识，一起待一会儿就浑身不舒服。

其实领导当众批评也好，对你态度不好也罢，有时未必是针对你或者讨厌你，也许是为了杀鸡儆猴、树立权威，也许是因为太过倚重你，希望你做得更好，也许是他本人刚刚被上级批评而你恰好撞到枪口上。

石头就曾亲耳听一位领导说过：我有时候批评人，就是因为有一股"无名怒火"，于是就想"劈头盖脸"批评谁一通。尤其是刚上班的新人，很多时候经常挨骂并不是真的犯了什么了不得的大错，只是你们还没到那个别人可以高度容忍的岁数和地位。

新加坡没人敢在李光耀面前抽烟，但邓小平抽烟，抽之前礼貌地问了一句李光耀介意不介意，李光耀就很感动，然后立即表示不介意，这是地位带来的优势，要承认的。

做了错事，被批评是我们应得的，我们可以愧疚，自责，但用不着恐惧。或许那天批评你的事，他根本早就忘了，领导公务繁忙日理万机，你又不是他亲儿子，天天惦记你不是给自己添堵吗？

你如果一直被恐惧房获，总是避着领导，哪里有机会修正自己的错误，改变领导对自己的印象呢。难道你只因一次批评就要彻底将自己放逐？这个买卖不划算。

你挨批评了，吸取教训是必需的，但不能让这件事成为心理阴影。"一朝被蛇咬，十年怕井绳"，导致不敢面对领导、不敢做事，你必需从内心消除这份恐惧感。

3. 无视议论流言

有人的地方就有江湖，尤其在一些单位，本身工作量不饱满，大家饱食终日无所事事，难免生出许多是非，再有几个难缠的老同志，就更麻烦。

有些人容易被同事之间的缠斗困扰，甚至花很多时间精力在这些纠纷上。别人背后说点儿风凉话，或是有点儿小议论，他就不淡定了，总想气势汹汹地找过去算账，甚至针锋相对，大战个三百回合。

石头总是劝他们，别人想说就说呗，不要往耳朵里去，更不要往心里去。人和人之间的差别，有时候比人和猴子都大，大家志趣不同、价值观迥异，对事物有不同的看法太正常了。遇到这些无关的人，可以在心里问两个问题：关你啥事？关我啥事？

有人在背后嚼你的舌根，说明你在单位比较火，这是大有前途、大有希望的表现，你肯定做对了一些事。如果你毫无前途，无足轻重，才不会有人费功夫编排你的段子呢。

你的精力本就是有限的，既然有限，当然要把精力用在领导身上。把精力花在与同事的纠斗，能有什么产出呢？

这就像做生意，你的资金得投在有希望的公司上面，一个公司马上要ST（被进行退市风险警示的股票），你非要跑去较劲，说我就是跟你卯上了，只能赔得一塌糊涂。你如果认认真真地把议论当成一个问题，去找人理论也好，互相告来告去也好，那么你就输了，因为你把精力投放在了无用的人身上。

要知道，解决一个问题的钥匙，往往不在问题里，而在别处。解决同事议论的问题，核心是眼睛朝上看。

在单位里解决同事问题的核心，也不在同事，而在领导和你背后的东西。比如，如果你是领导非常信任，经常表扬的人，谁会说你的坏话？谁会与你为敌？与你为敌，本质原因还是不忌惮你，觉得你没有发展前途，你没有领导撑腰，你没有领导信任。

也就是说，一个人在单位受不受欺负，其实跟他个人性格，或者跟同事相处得怎么样，没有根本性的联系。

所以石头给你的最核心的建议是，一定把精力放在领导身上，而不是与同事的缠斗上。跟领导相处好了，同事的问题自然而然就解决了。

至于对同事，可以怼一怼，可以假笑，可以让他吃软钉子，可以非暴力不合作，也可以告他的状，但这都不是根本问题，更不值得焦虑烦恼。

4. 正视职业生涯的低谷

曾国藩有句话，"事功之成否，人力居其三，天命居其七"，意思是成功是一种偶然，天命的成分占大头。在职场取得成就，并不完全取决于个人努力。

石头不敢说是不是"天命"占大头，但你必须承认，很多时候，个人的职业生涯不取决于个人努力，甚至都不取决于领导，而可能取决于上面的政策，单位的形势，取决于环境，取决于很多莫名其妙的东西。

相比个人的勤奋努力，有时候运势在生活中发挥着或许更加重要的作用。国家的运势，行业的运势，单位的运势，领导的运势，很多时候都是个体无法撼动和对抗的。

比如有些单位，上一任主管出了问题，这一任主管上级迟迟没有安排，结果导致这个单位所有干部一年半载都冻结着，这个时候你再怎么折腾也没有用。

这种情况怎么办？用人民日报原副总编梁衡一句话来和大家做一个告诫或者建议，就是：**"能工作时就工作，不能工作时就写作，两者皆不能，读书、积累、思索。"**

在面对我们努力也无法改变的困境时，不要随波逐流，也不要停滞不前，沉迷于打牌、玩麻将等成瘾性娱乐项目，继续坚持做事，从提高自身素质和能力着手，如果你真的在某一方面提高到一定程度，有一定积累，甚至达到顶尖，这种能力总是会找到一个出口喷薄而出的。

5. 有点胆子

体制内的工作对人的素质有很多锻炼和正面影响，比如，用全面发展系统联系的观点看问题，比如统筹兼顾、协调推进，比如照顾到前前后后方方面面。

但强调全面兼顾之后，就容易造成另外一种东西的缺失——胆子。缺胆子，是在体制内干时间长了之后的一个通病，尤其是跟在市场上摔打的人相比，畏畏缩缩，瞻前顾后，就更加明显。

石头最近也在反思，有胆子、敢出格，其实很重要。你想啊，**期望比别人过得好，不做点出格的事、跟别人不一样的事，怎么可能实现呢？**

可以适当给自己加点胆，提醒自己这方面可能是缺失的，只要是对的事情，不要害怕，敢于做点不一样的事，敢于出彩，敢于发短信，敢于拍马屁，敢于推门进，最后结果肯定会比别人好。

6. 平视建议

虚怀若谷，从善如流，在我们的语境中一直都是好话，意思是要听得进别人劝。接受这种价值观的人，会非常重视别人的建议，乃至最终背上沉重的负担。

本来自己干得顺风顺水、有滋有味，一旦有人提出建议，"我觉得你这样好""我觉得你那样更好""我觉得你应该如何如何"，马上脚步就乱了，不知何去何从了。

其实听劝这件事儿是有片面性的。提出劝告的人，可能由于自身水平、所站位置立场、掌握的信息等很多方面因素的局限，给出的根本是无效甚至有害的建议。

就石头目前的认知，对待别人意见建议的态度，最好是：**听大多数人的话，参考少数人的意见，最终自己作决定。**听大多数人的话，意思是你要有一种开放的心态，欢迎别人对你发表意见。但同时，你也要清楚这些意见中真正符合你的立场和实际情况的，真的有见地的，只是极少数，最后你要靠自己作出决定。

同理，你给别人提建议的时候，也要有心理预期，他能当成闲话听听就不错了，别非让人听你的，你可能压根就不了解真实情况。

7. 关心家人和孩子

在单位受了委屈，遇了挫折，如果有家人和孩子的支持安慰，也能帮助你尽快走出来，收拾心情再鼓斗志。

有人可能要问，平时教育孩子和工作怎么平衡呢？精力该放在哪上面呢？

其实，怎么平衡是微观操作层面的事，关键是要不要平衡，要不要一边倒向工作，孩子要不要抓？

石头个人的观点，必须要抓，还得紧抓、抓紧。不可因为工作荒废对孩子的管教。需知事业分两种，一种是终身的事业，一种是非终身的事业。

某人办了一家基业常青的企业，这是终身的事业，我不想下，谁都赶不走我，这事儿可以干一辈子，不信你看看王健林、任正非等诸位大佬。我们大部分人没有终身的事业，尤其是单位的工作，往往是非终身的事业。到了年龄，离开了位置，其实就是被踢出局了。

话语权、对资源的占有会不可逆地下降，这也是自然规律，是无法抗拒的周期。现在大家都长寿，后面还有几十年，而后几十年过得如何，真的与孩子行不行有莫大关系。从这个角度讲，工作要做好，不能以对小孩不管不顾为前提。

在古代，多生几个孩子是关系生死存亡的大事，现代社会好多了，保障好些，但好好教育孩子，也还是非常重要的事。

石头有时候在想，可怜的人类啊，为什么是一种复杂的碳基生物呢？碳基生物靠神经元传递信息，电流脉冲不稳定，所以总会产生复杂情绪。

硅基生命，比如电脑和机器人，电流稳定，没有情绪，比我们要先进。

在职场，其实是硅基生命"机器人""工具人"更受欢迎，机器人稳定，我说什么，你这个机器人照着做好就行了，哪有那么多情绪想法！

把自己当作一台机器，不被自己的情绪同时也不被任何人所左右，或许，就是碳基生命在职场的"硅基进化"吧。

七、如何避免成为一个乏味的职场老油条？

这两天冯唐先生的一篇文章在朋友圈传播，讨论的是如何避免成为一个油腻的中年猥琐男，说实话切中了不少包括石头在内迈向中年男人的要害。

第一反应当然是不爽，觉得简直是在侮辱人，油腻怎么了，还不是被家庭的重担压的，这也太埋汰人了。但冷静下来，翻看再三，又觉得后怕不已，想要质量更高的人生，确实要拼尽力气不去踩这些坑。

尤其是身处体制之中，工作性质使然，容易成为乏味油腻的重灾区。借着这个热点，石头自己捋了捋如何不成为一个乏味的公务人员，不是批判和狂欢，主要是和大家共勉。

——不要让肚子挡住自己低头的视线。天天觥筹交错、推杯换盏，男公务员的肥胖问题更加触目惊心。在肚子上体现得尤其突出，不少人低头已经看不见自己的脚尖。或许，不一定要有八块腹肌，但至少不要到了一定年岁，金利来的裤带只能系在胸口了。

——不要开口闭口就是提拔那点事儿。进步很重要，但世界上还有许多有趣的东西。人生真的并不是只为了一个处级来，还有很多重要的事。比如家庭、生活的乐趣、知识的增长、挣钱，等等。只要一说话就是"小王昨天刚提拔，他算哪根葱，入职比我晚，工作也不行"，真的很没劲。

没有提拔，也不要自暴自弃，自我放逐，提拔这个事儿什么时候是个头呢？好好工作，好好生活，好好读书，做点儿事，永远比熬夜打麻将强，说不定什么时候就时来运转了。

——不要只看新闻联播，《人民日报》《光明日报》。多关注报刊亭新上的时政杂志、时尚杂志之类，经常看新上线的电影，娱乐八卦，赛车足球，游泳体操。否则永远只能存活在世界的某一面。

平常说话就不要用重要性、关键性、意义、深化落实、强化意识这种话了，劳逸结合张弛有度很重要。

——了解一些着装的基本原则。不要只穿劲霸、花花公子这类牌子的夹克、毛背心。买点运动装，平时出去走走的机会就会更大，搞几件大牌的衬衣和夹克，整个人的精神面貌就会不一样。

皮鞋要擦干净，穿西裤皮鞋不要配白袜子，即使穿了，也不要跷二郎腿的时候露得特别明显。

冬天可以买一些低领的秋衣，避免领子已经毛掉的秋衣总是翻在衬衣领子外边。

——不要把钥匙和手机绑在腰带上。手机辐射大，绑在腰上不好。挂钥匙的话，走到哪儿都叮叮当当。

——不要暴粗口。有时候基层做工作确实需要简单粗暴，但是对同事还是应该有春天般的温暖。不随便问候别人的家人，其实不难做到。

——不要把小同志、年轻人、小东西挂在嘴边，老是觉得年轻人工作干劲也不行、吃苦精神也不行、写稿子也不行、天天玩手机，哪哪都不行。长江后浪推前浪，前浪死在沙滩上，世界迟早是他们的，未来是玩手机的人的。人老的唯一标志其实就是老觉得年轻人不行。

——买一个潮一点的保温杯。比如膳魔师、象印这类，可以偷偷在里面泡枸杞，又不至于成为中年人的标志。看着茶叶在透明的玻璃杯里翻滚这种乐趣可以暂时忍一下。

——不要看到新入职的女同事，或者离了婚的女同事就两眼放光，有事没事撩两句，还觉得自己魅力十足。这样对自己的风评很不好。

更不要给年轻的女同事和其他女子发黄段子，否则被截图传到网上或被纪委约谈就不好办了。

——不要在公开场合，用手机翻看仕途风云、官场风云、宦途风云之类的网络官场小说。小说里的世界很精彩，主人公都开挂，现实的生活更残酷。

——微信签名，不要总是齐家修身治国平天下，或者"为天地立心，为生民立命，为往圣继绝学，为万世开太平"之类，完全可以谈谈生活的体悟、工作的体悟。人年龄越大，越应该往小了活，你其实只是世界的过客。

——少打牌，多读书，通宵打麻将对腰椎颈椎都不好，到时候椎间盘突出，想治也治不好了。

——少吃肉，随时关注自己的尿酸指数，某天脚指头和膝盖肿了起来，疼得难以入眠，就糟了。

——稿子写多了，脱发有时候是不可抗力，我们可以想点办法，比如什么生姜洗头，还是有点效果，再比如植发，再不济可以剃光头。但是，两边支援中央总是感觉不太雅观。

——不要沉迷于在各个"良子"捏脚、松骨、捶背，其实自己跑跑步，打打球，游个泳，都比所谓保健对身体要有用许多，而且还便宜，有捏脚的钱都可以学网球了。

——警惕挑错思维。办公室待时间长了，统筹协调把关时间长了，不少人会有一种挑错思维。挑错别字，挑疏漏，挑别人不到位的地方。挑多了，有时候会误认为这也是种本事，自己的水平比别人高。其实人家做的是从 0~99，你只不过从 99 做到了 100，完全不能说明水平高低。更吓人的是，容易看哪儿都是毛病，看谁都不行，这就自绝于天下了。

——要成长，得有开放思维。最好是看哪儿都有值得学习的地方，哪儿都有可取的地方，哪儿的背后都有他的道理，哪儿都是机会，这个或许才是有利于成长的。话说回来，如果你被领导挑出错别字，大骂一通你不行之类的，也别往心里去，下次注意就行，不必自我否定。挑错的人水平未必高，出错的人水平未必低，跟水平无关。

必须强调，说了这么多，其实没有任何负面评价在里面。

石头也将步入中年，每个人都会到中年，然后到老年，不可抗拒。

中年男人，油腻之外，也有很多迷人的地方，他们的经验、洞察力、判断力、知识、淡定、体贴都很迷人。我们要做的，是有则改之，无则加勉，做更有魅力的中年男人。

如果有人问石头，愿意做现在的自己，还是穿越回十年前？石头的回答很肯定，当然更爱现在的自己，当年的自己虽然有荷尔蒙，但跟现在比，可能更像一个蠢货。

我想十年之后，再问同样的问题，答案也是一样，只要我们在成长，保持一颗热爱和进取的心。

实践篇

秘书小蔡成长记

写在开头的话

　　大家好，我是小蔡，某委办秘书科新人，最初是石头哥在《秘书工作》杂志上虚拟的一个人物。自从到了秘书科，我一个"机关菜鸟"，在石头哥的笔下，从初来乍到，到得窥门径，再到渐入佳境，既经历了无地自容的尴尬瞬间、百爪挠心的慌乱时刻，也品尝过被领导表扬、被同事认可的甜蜜，我这里没有指手画脚的说教，没有枯燥繁冗的理论，有的是一场"职场通关真人秀"，希望带给办公室同人最值得借鉴的职场故事，最简单易行的工作成长方式。

第六章

初来乍到

chapter *6*

<<<

一、为啥不早点儿到呢？

早上 7 点钟，闹钟准时响了，市委办秘书二科科员小蔡伸手关掉闹铃，身体缩在暖暖的被窝里，盘算着 8 点才上班，家离市委近，路上撑死就 15 分钟……半梦半醒之间，7 点 20 分了！

小蔡一个鲤鱼打挺坐起身，套上衣服冲出家门，奔向楼下的公交车站。看到路上长长的车龙，小蔡心急如焚。

8 点整，小蔡气喘吁吁地跑进市委办公楼，径直奔向电梯，十几个人都在等电梯！小蔡瞟了一眼指示灯，嘿！竟然卡在了 8 层。考虑到电梯可能超重，小蔡一咬牙，爬楼梯去了。一路奔波，又爬了四层楼梯。小蔡上气不接下气、满头大汗还提心吊胆，终于赶到了办公室。真是怕啥来啥！一看桌上的电话，有市委焦副书记的未接来电，哪里还顾得上看一眼今天的日程，小蔡夹起笔记本就冲进焦书记办公室。

"领导，今天……"狼狈不堪的小蔡刚准备检讨，焦书记抬手打断了他的话，语气严厉地问："今天下午三点有个基层党建专项部署会，需要我参加吗？怎么讲话稿还没有给我？"

小蔡一拍脑袋，叫苦不迭。前两天，焦书记在外参加党的十九大精神培训班，他就没再惦记呈送稿件这事。结果，培训结束的第二天，焦书记早早到了办公室，可小蔡自己却来晚了，根本没来得及查看工作安排，自然没来得及把稿子呈送焦书记。

"小蔡啊，老话说'一早三光，一晚三慌'，在办公室工作，尤其从事秘书工作，凡事都要打好提前量。每天早到 10 分钟，也许人生就会大不同。供你参考吧！"焦书记语重心长地对小蔡说。

小蔡耷拉着脑袋退出了领导办公室，匆忙地投入紧张的工作中。

忙碌的一天很快过去了，小蔡摸了摸饿得扁扁的肚子，看了看电脑屏幕右下方的时间——18：30，原来都下班一个多小时了。饥肠辘辘的小蔡疲惫地伸了个懒腰，忍不住在电脑上敲下了一段感想：

每天早到 10 分钟，也许人生就会大不同。早到，能让工作更从容：查看工作日程表、列出待办事项；梳理见到领导有哪些问题需要请示汇报；清理办公桌、电脑文档；查看回复邮件；等等。不喜欢慌慌张张的自己，那就去做一个勤奋、敬业、上进、自律的秘书。

二、保证完成的任务，怎么就忘了？

周一下午，忙碌了一天的小蔡敲完材料的最后一个字，伸伸懒腰，瞥了一眼墙上的时钟，下班已过一个小时了。小蔡一一对照着记录本，确认今天的待办事项均已落实，心里不禁一阵轻松，哼着小曲收拾着包准备下班。

今晚，小蔡跟几个大学同学约好去一家新开的火锅店聚聚，想到这儿，小蔡似乎闻到了火锅的香气，心里也像开了花一样欢腾起来。

"丁零零……"电话不知趣地响了，等了三四声，小蔡有些不情愿地拿起听筒。电话那头传来市委办王副主任的声音："小蔡还没走吧？后天上午八点整，市委焦副书记主持召开全市重大基础设施及文化项目建设进展情况汇报会，其中一个议题是讨论市委办上次牵头起草的本市文化产业发展调研报告，你们科当时拿了初稿，我把终稿发你邮箱，你打印 30 份装订好，交给综合科的小刘，他统一整理，后天会上用。"

小蔡一听，这件事倒不麻烦，便乐呵呵地领命："好的，王主任，保证完成任务！"

挂掉电话，查收好王主任发来的终稿电子版，小蔡本想马上去文印室复印材料，可偏偏手机又开始响个不停，快七点了，几个老同学催促小蔡的微信一个接一个朝外蹦。小蔡权衡了一下，材料后天开会才用，明天早上再复印也来得及。于是，小蔡哼着欢快的歌儿直奔火锅店。

周三早上七点半，小蔡正坐在食堂吃饭，接到了王副主任火急火燎的电话，劈头盖脸就是一顿批评："小蔡，什么情况？我周一晚上不是让你把材料打印好交给小刘吗？小刘怎么说你到现在还没有给他材料？"

小蔡眼前顿时一黑——坏了，周一晚上赶着吃火锅，想着周二早上再复印，结果周二一早就接到任务陪焦副书记去县里调研，忙着协调安排、跑前跑后，愣是把王主任交代的任务忘了个一干二净（见图6-1）。

图6-1　保证完成的任务，怎么就忘了

好在离会议开始还有半个多小时，文印室几台机器同时开动，会议开始前15分钟，热气腾腾的复印材料总算按时摆上了会议桌。

事后，满怀愧疚的小蔡在日记上写下了一段话：

秘书工作千头万绪，时常会冒出一些临时性工作。如果任务耗时不算长，比如复印、转呈文件、发通知等，不拖延，马上就办；如果任务较复杂，一时难以解决，也要及时做好备忘记录。遵循"两分钟效率法则"：接到工作任务，先衡量这项临时性工作所需的时间，如果预计在两分钟左右完成，就中断原先计划去完成它，否则事情越往后拖越容易被遗忘。即使一直念叨着没忘，再回忆、找人、翻材料，也会耗费较多时间和精力，得不偿失。

三、随口一说要不得

下午刚上班，小蔡正对着电脑绞尽脑汁地写稿。"啪"的一声，一摞文件放到了桌上，吓了小蔡一跳。小蔡抬头一看，原来是文书科小王。小王行色匆匆地说："这些都是今天送过来需要请焦书记批示的文件，你赶快给焦书记送过去吧。"话音未落，就头也不回地走了。

乖乖，十几个文件夹！小蔡大致扫了一眼文件内容，按轻重缓急捋了下顺序，就夹起文件走进焦书记的办公室。

焦书记正在接电话，看到小蔡怀里的文件，示意他放在办公桌上就好。

"丁零零……"不一会儿，小蔡就接到了焦书记电话："小蔡，来一下。"

"好的，焦书记。"小蔡抓起桌上的笔记本快速走进焦书记办公室。

焦书记正若有所思地看着一份文件："小蔡，你刚才拿来的一份文件，涉及向省里报送一份关于我市信息化发展规划编制的报告。我记得去年也曾上报过，好像是发改局在牵头，你有没有印象？如果有，我就直接批给他们阅处。"

小蔡慌了神，心里犯起了嘀咕：自己刚才着急把文件往领导那送，只是大概扫了一眼，根本没有仔细阅读内容，对焦书记说的文件印象不深，更不清楚省里对报告内容具体提了什么要求。焦书记说的是去年的情况，那时我还没入职，更是两眼一抹黑。不过，全市经济规划的相关工作，一直都由发改局负责，这一点倒是有印象。

"焦书记，产业方面的规划应该是发改局负责，这个报告确应让发改局来处理。"虽然小蔡语气笃定，但焦书记没有立即应允，反而放下了手中的笔，嘱咐道："我印象确实有点模糊了，请你给发改局打电话确认一下。"

小蔡回到办公室，马上给发改局负责人拨了一个电话。确认的结果跟小蔡想象的完全两样。原来，统筹全市国民经济和社会发展战略、中长期规划和年度计划确实是发改局的职责，但具体到工业和信息化方面的发展规划和产业政策，一直由工信局负责。所以，这一文件应由工信局来处理。此外，经过查证，去年上报的材料也是工信局牵头起草的。

搞清楚了职责分工，小蔡深吸一口气，如实向焦书记汇报。焦书记意味深长地对小蔡说："随口一说要不得啊，小蔡，你可得吸取教训！"

小蔡感到很羞愧，一头冷汗，回到办公室记录下了自己的反思和感想：

当个事事知晓的"万能"秘书不太现实。但不能图省事、想当然、凭感觉，不负责任随口一说。知之为知之，不知为不知。遇到拿不准的事情，应实事求是地向领导说明。比如："这个还真拿不准，我去确认一下。"然后及时查询求证再向领导汇报。此外，对呈送领导的文件，也得做到心中有数，不能当"快递员"。

四、会场一分钟，弦绷60秒

"……下面，请市委马书记讲话！"

台上，主持会议的秘书长声音朗朗。小蔡绷了一周的神经总算松弛下来。近一周，小蔡每天早出晚归、披星戴月，筹备全市的工作会议，吃饭都是在食堂随便对付几口，已经好多天没去最爱的牛肉面馆打牙祭了。小蔡摸着瘪下去的肚子，真感觉自己瘦了三五斤。

还好，一分耕耘一分收获。这不，会前入场、签到、入席等环节毫无波澜。现在，书记已经在讲话了，小蔡仿佛看到一次圆满、胜利的大会正在不远处招手！

不一会儿，马书记讲完了，会议进入经验交流阶段。小蔡东瞅瞅西望望，大家都在全神贯注地听交流发言，还有三四位同志一会儿要上台，且得一段时间呢。于是，他蹑手蹑脚地绕到会场一侧的休息室，打算先把这次会议的通讯稿起草好。

正埋头写着，小蔡听到主席台上有动静，忙起身查看。这一看吓一跳，本来坐在主席台上的市委焦副书记竟从主席台上下来了。小蔡刚想冲上去，在前排靠边就座的王副主任已经迎过去了。

焦副书记手里拿着会议材料，对王副主任说着什么，看不出表情。一种不安涌上小蔡心头：出什么事了？材料有错别字？装订出问题了？眼见王副主任一边点头，一边把自己的会议材料递给焦副书记，焦副书记拿着材料重新回到主席台上就座。

王副主任没有立即回到自己的座位，而是环顾会场，似乎在找什么。小蔡连忙轻手轻脚挪到前排，小声询问："主任，您找我？"王副主任压着嗓子说："小蔡你怎么不盯住会场！你就在那边守着，别再跑了！"

小蔡一下子失了神，不住地在心里哀叹："肯定是捅什么娄子了，怎么就没好好听会，急慌慌地去写什么稿子呀……"

会议还在进行，小蔡只能强打起精神，按照王副主任的指示，笔直地"盯"在会场旁。

"……今天的会议到此结束，散会。请获得'优秀办公室主任'和'优秀办公室工作者'的同志留步，到主席台合影留念！"

又是好一阵张罗，终于，大家都已就位，面露微笑，准备拍合影。坐在正中间的马书记忽然想起了什么，朝站在摄影师这边的王副主任招手："王主任，你也是市委办的负责人，怎么不过来合影？"王副主任忙摆手："书记，我这次是工作人员。"

马书记笑着说："市委办的班子要整齐，赶紧搬把椅子过来！"

王副主任正打算回头找椅子，看见小蔡不知什么时候已经把一把椅子稳稳地放在了前排靠边的位置，王副主任赶紧过去坐定（见图6-2）。

市委办的班子要整齐，赶紧搬把椅子过来！

图 6-2　会场一分钟，弦绷 60 秒

会后，小蔡跟王副主任一聊才明白，原来，开会时焦副书记不小心弄洒了桌上的茶杯，浸湿了会议材料，于是想找会务人员换一份。结果，他在台上瞅了半天，也没找到会务人员，只好自己下来换文件。"会务工作人员得站在领导看得见的地方，确保领导一呼就应才算工作到位。办会严谨细致、一丝不苟，不仅指会前筹备，开会时更应该时刻观察会场状况，一旦有情况立即处理。绝不能会议一开始，就先松懈下来。心态关乎成败，小蔡，这次你前面一时松懈，让领导走下主席台找材料，我们的会务工作就陷入了被动；后面你弦绷得紧，处理突发情况就及时，没有让大家等……"

王副主任的一席话，小蔡心服口服：我明白了，主任，身在会场一分钟，弦要绷紧 60 秒！

五、接电话的学问真不少

周四下午，小蔡接到王主任交办的任务：起草一份市委办保密工作总结。下周省保密局要来市委办检查保密工作，这是大事，小蔡不敢怠慢，当天晚上就开始动笔，周五又在办公室全神贯注地码了一天字。眼看快到下班时间，总结即将大功告成。

小蔡通红的双眼紧盯着屏幕，手在键盘上飞快地敲击着。这时，办公室的电话不知趣地响了起来。小蔡瞄了一眼墙上的挂钟，指针指向 5 点30 分，他拿起电话，心中颇有些不耐烦，下班了还打电话，讲不讲工作规律和节奏？

电话那头传来一个语速快且较生硬的声音："喂，通知一个会。"小蔡的脸不禁拉长了："你哪里啊？也不说清楚就通知。"对方也意识到了自己的疏忽，赶忙自报家门。原来是省水利厅的同志，下周一上午临时召开一个防汛部署会，焦书记分管相关工作，这个电话就是通知焦书记参会的。

小蔡一听是上级单位，口气缓和了不少，心不在焉地听着对方报出会议时间和地点，脑子里盘旋的还是手头的稿子，标题到底提炼个啥好呢……

周一，焦书记一大早就出发去省城开会了。小蔡终于有时间静下心读读报，做一做报摘，充实一下写作资料库。突然，桌上的手机急促地响起来。小蔡低头一看，是焦书记的手机号。焦书记不是应该马上开会了吗？怎么还有时间给我打电话？小蔡有些纳闷，忙不迭地把电话接起来。

电话那头，焦书记十分严厉："小蔡！你不是告诉我 9 点在水利厅报告厅开会吗？为什么来了以后一个人都没有？"小蔡脑子里一片空白：不会呀，周五下午通知的就是周一早上 9 点在水利厅报告厅开会，我听得明明白白啊！（见图 6-3）

图 6-3　接电话的学问真不少

小蔡连忙翻找上周五的电话记录本，翻来翻去，发现自己压根没做记录，只能手忙脚乱地打电话到水利厅办公室。还好接电话的同志知道今天有防汛部署会，还告诉小蔡会议地址在离水利厅大概三公里的水利宾馆报告厅，会务组在宾馆大厅设有报到处，直接去即可。

原来是自己记错了会议地点，小蔡硬着头皮给焦书记回电话，只听到电话那头的焦书记吩咐司机赶快去水利宾馆就挂了电话。

小蔡这才开始努力回忆上周五接电话的情形：当时自己心不在焉，所以根本没有在本上作记录，听到水利厅就想当然地以为是在水利厅报告厅，没想到还有个水利宾馆报告厅！

下午，焦书记从省里开会回来了，小蔡第一时间赶去作检讨。焦书记说："小蔡啊，你对人家的会议通知记得不清楚，但人家对你倒是印象深刻，负责会务的同志还跟我开玩笑说，你接电话时语气挺冲，吓得他们都不敢多说话了。"小蔡不好意思地说："他开始也没说是哪个单位的，我态度确实不够好。"

焦书记点点头："他们确实做得有不到位的地方。即使是上级单位，打电话时也应该自报家门。但是我们接电话也不能看人下菜碟啊，无论是接领导的电话、上级单位的电话还是同事的电话、群众的电话，都得礼貌、热情。小蔡啊，打电话虽然是隔空交流，但对方其实能够感受到你的表情，你是满脸笑容的，还是不耐烦的，别人一下就能听出来。接电话事小，但其中体现的工作态度和素养事大。你说是不是？"

小蔡认真想了想，若有所思地说："焦书记，您说得对，以后打电话，我得让对方'听'到热情的笑容。我向您检讨，这次搞错会议地点，也是我接电话时注意力不集中造成的，下次一定注意。"

焦书记接着说："做办公室工作，记是基本功，脑袋不一定靠得住。只要是接电话，对方一开讲，你就要马上记。而且，对于电话通知中比较重大的事项，比如会议，你还要跟人家二次核实会议的时间、地点等要素，必要时还要整理书面来电记录，便于领导传阅和批示。其实，今天的会有好几个地市的人像我一样跑错了，这个小插曲也给我们提个醒，电话通知有时确实不如书面通知更清晰牢靠。"

小蔡听了心服口服，回来后写了一段心得：

接电话的学问可真不少，稍有松懈，就会捅娄子。今后接电话，涉及会议通知时，一定得问清楚，什么时间在哪里开会，有啥特别要求，不够清楚的及时跟对方确认，别怕啰唆。慎之又慎、讲究礼节，才可能接好电话。

六、"一个都不能少"？没必要！

上午刚上班，市委办就接到了省里通知，两周后省里有个专题调研组来调研全市文化创意产业发展情况。焦书记分管这块工作，自然是他来牵头筹备。

时间紧任务重，焦书记把小蔡叫到办公室布置调研筹备工作："小蔡，明天上午我会主持开个协调会，把筹备任务布置下去，你梳理一下涉及的主要单位，尽快拟一个协调会的方案给我看一下。"

"好的，焦书记，我马上动手起草！"小蔡领了指示回到办公室，一边对照省里通知的要求，一边梳理这块工作所涉单位。不一会儿，他就拟好了协调会方案，看着会议方案上密密麻麻二三十个参会单位，小蔡颇为得意，心想：焦书记主持的会，还是按全口径通知比较好，显得对焦书记尊重，一个都不能少！（见图 6-4）

图 6-4 "一个都不能少"？没必要

接过小蔡呈上来的方案，焦书记并没有露出小蔡意料中的微笑，脸色反而严肃起来。

"小蔡，我看你列了 31 个参会单位，要求他们的主要负责人明天上午九点来开会，有必要通知这么多单位吗？这里面还列了市电网公司，电网公司跟文化创意产业发展有关系吗？"焦书记的问题似乎正中小蔡下怀，小蔡胸有成竹地答道："焦书记，这次省里的调研很重要，您也很重视，调研当天电力保障一定要跟上。所以，我考虑是不是也把电网公司请过来，让他们重视，做好保障工作！"

焦书记听了，摇摇头，严肃地说："小蔡，你考虑到保障工作当然是对的，但是你这个协调会方案问题不少，是不是有点形式主义呢？"

见小蔡一脸茫然，焦书记开门见山地说："第一，陪会的人太多。既然是协调会，请相关性高的几个牵头单位来就行了。你想想，电网公司的同志来了，发现前面两个小时的讨论跟自己没关系，能不在会场上玩手机、补瞌睡吗？对于工作相关性不大的单位，不一定非得一个不少请过来，打个电话提醒他们做好相关工作就可以了。"

焦书记顿了顿，接着说："第二，议程安排得不精准。你列的这些单位，有些涉及文字材料起草，有些涉及现场调研，有些涉及后勤保障，分配的任务不同，需要研究讨论的事项也不同，但你在议程里一点也没有体现，大家一股脑儿都是九点过来，岂不浪费时间？比较科学的办法是，把议题分开，第一阶段讨论什么议题，涉及哪些单位需要参加，第二阶段讨论什么议题，涉及哪些单位需要参加，体现在协调会方案中，这样才能提高会议效率，没有必要会议一开始就一屋子人。"

小蔡听了焦书记的话，豁然开朗，红着脸说："我总想着会议规模大、来的单位多，才显得对工作重视，忽视了提高会议效率，降低会议成本，减轻基层单位负担。"

焦书记点点头，补充道："还有，你在会议方案上写的请单位主要负责人参加，我个人觉得也不一定。这次调研的是文化创意产业发展专项工作，请各单位直接分管该项工作的领导参加即可，不一定非得是单位一把手，不要为了所谓的'面子'搞得大家疲于奔会。"

小蔡听了焦书记条分缕析的话，心服口服："焦书记，不瞒您说，我之前在乡镇工作的时候，也抱怨过上面老是让我们参加并不太相关的会，还开玩笑说这种陪会就好比荒了自家田，去赶人家集。没想到进了市委，稍不注意，我也开始犯这种错误。"

说到这，小蔡欲言又止，迟疑了一下才鼓起勇气说："焦书记，其实我还起草了一份提交相关材料的通知，原本准备一起下发给明天的参会单位，请他们明天来开会的同时提交一份本单位服务文化创意产业发展的总结。听您刚才这么一说，我才意识到，这个通知根本没有考虑到基层工作的实际，一点时间也没留，一旦发下去，就成了'上午刚下通知，下午下班前就要交报告'的形式主义案例，肯定要被基层同志们鄙视的。"

焦书记肯定说："你有这个自觉，说明已经进步了。你们作为市委办的秘书人员，很多时候要代表领导传达指示。但要记住，任何时候都不要颐指气使，更不能脱离实际情况发号施令，给基层增加不必要的负担。尊重基层，就是尊重我们自己！越是上级机关、中枢机关，越要当好反对'四风'的表率、低调务实的典范、谦虚内敛的标杆，只有我们善待别人、包容别人、尊重别人，才能获得别人的尊重，才能树立上级机关的威信，你说是不是？"

虽然方案被焦书记完全推翻了，需要加班重做，但收获了沉甸甸成长的小蔡心里比吃了蜜还要甜，他咧嘴笑着说："我明白了，焦书记，谢谢您。"

第七章

得窥门径

chapter 7

<<<

一、一篇稿子教我学会把握"度"

近来市里活动不多，焦书记又连续出差，小蔡的工作似乎进入了缓冲期，终于有时间静下心来研读老早就买回来的几本公文写作书了。

"真不错，一上午电话都没响过，好几天也没接到文稿写作任务了，晚上是不是可以约女朋友看场电影呢？"小蔡像一根长时间紧绷后松弛下来的皮筋，瘫坐在椅子上，心里美美地盘算着。

就在此时，桌上的电话响了起来，小蔡一瞧，原来是主任来电。

"主任，您指示！"小蔡忙接起电话。主任是通知一个会的：省里开展了半年多的专题学习即将结束，一周后市委常委会要召开专题民主生活会，主任让小蔡赶紧报告焦书记，请他按时参会，并准备好民主生活会对照检查材料。

焦书记还在出差，下周才回来。民主生活会是党内重要的政治生活，小蔡不敢耽搁，编写了一条会议通知发到焦书记手机上，焦书记的回复只有三个字："我参加。"

放下手机，小蔡滚圆的脑袋转得飞快：焦书记下周出差回来，那时离召开民主生活会的时间只有几天了，他肯定没空写对照检查材料，正好这几天我比较清闲，不如帮他起草个代拟稿，免得领导辛苦赶稿子，等领导出差回来直接拿出来，肯定给他一个惊喜，说不定还夸我工作到位呢……

接连几天，小蔡像打了鸡血一样，天天泡在办公室查资料、想框架、磨文字，写对照检查材料到很晚才离开，熬得双眼通红。连保洁阿姨都关心地给小蔡丢下一包菊花茶："小蔡，喝点菊花茶清清火，看你嘴角那大泡！"

要不怎么说写稿子得有面壁之功方有破壁之时呢。三天闭关鏖战，大功告成，小蔡情不自禁抖着飘着墨香的"焦书记民主生活会对照检查材料"，自我欣赏道："完美！真像焦书记自己写的。"

这天，焦书记出差回来了。小蔡早早敲开了焦书记办公室的门，自信满满地将代拟的对照检查材料递了过去。

"焦书记，跟您汇报一下。之前跟您报告过，马上要开班子民主生活会了，我看您近期日程安排得太满，怕您没有时间动笔，就代您拟了一稿，仅供参考。"

焦书记有些错愕，迟疑了一下，接过小蔡递过去的材料，认真翻看起来。小蔡看着焦书记脸上逐渐浮现笑意，心里暗暗得意，看来起草对照检查材料这事办到领导心里了，耶！

果然，看完材料，焦书记表扬道："小蔡，这份材料你下了功夫，写得很生动，文字也很凝练，你的文字功底还是很不错的。"

小蔡刚想谦虚，焦书记就从抽屉里拿出一沓手稿，交给小蔡："但是呢，按照《县以上党和国家机关党员领导干部民主生活会若干规定》精神，个人对照检查材料必须我自己动手写，民主生活会是很严肃的党内政治生活，进行民主生活会这场考试，一定得遵守相应的规章制度。你帮我写个人对照检查材料，就成了替考、代考，这样肯定不行。其实，我这几天在外边出差，晚上都在房间写对照检查材料，已经写好了。还要请你再辛苦一下，帮我做个录入，我打字太慢。"

小蔡看着焦书记递过来的手稿，开始有些失落，转念一想，又由衷佩服：原来，焦书记一接到会议通知，马上就按要求开始自己动手准备材料了。倒是自己，太想表现，没有把握住秘书协助领导工作的界限，一不小心"越位"了。

小蔡释然地对焦书记说："焦书记，您说得很对。记得我刚到市委办的时候，知道您喜欢打乒乓球，一般周五晚上会运动运动，我就给活动中心打电话，让他们每周五晚上给您留一张乒乓球台。那次您很严肃地批评了我，说我没把握好协助领导工作的界限，秘书的任务是协助领导开展政务工作，不是私人助理，更不是跑腿的，私人的事不能代劳。这次的事也教育了我，工作中也有不少事情，比如这次的民主生活会，我不能自作主张，更不能越俎代庖，否则就会违反纪律。"

焦书记笑盈盈地补充道："小蔡，你领悟很快。习近平总书记说过，秘书人员要经常检查自己思想、工作'到位'的情况，不能'离位'，更不能'越位'，要做到'参与而不干预、协助而不越权、服从而不盲从'。他还说，只要把握好这个'度'，就能成为一个合格的称职的秘书。我觉得，'度'既是对秘书人员的忠告，更是对秘书人员的爱护啊！小蔡，你也要认真体会这个'度'字啊！"

虽然稿子领导没有用，但小蔡觉得稿子并没有白写，一篇稿子学会一个"度"字，值了！

二、服务领导，不是当保姆

"您所乘坐的 CA×××× 次航班现在开始登机……"机场广播里传来甜甜的女声。正竖着耳朵听的小蔡连忙从座位上站起来，提醒坐在旁边的焦书记："焦书记，开始登机了。咱们是不是可以去登机口了呢？"

焦书记站起身，想拿自己的行李，却发现行李早已被小蔡牢牢抓在手中。焦书记伸手去取，小蔡却怎么也不松手。"焦书记，我身强力壮，您就让我拿吧。"焦书记哭笑不得："小蔡呀，你这一路已经抢了我好几次行李，真拿你没办法。"

这是小蔡在市委办工作一年多来，第一次陪焦书记出差，是去北京参加一个座谈会。出发前焦书记交代小蔡："不用管我，把你自己管好，把会议材料管好就行。"

小蔡哪敢怠慢，做了很多功课，还专门打电话向在深圳给老总当助理的中学同学小陈求教。小陈打小就"会来事儿"，小蔡听说他现在经常陪老总出差，把老总"伺候"得很好。小陈隔着手机跟小蔡"喷"了一个多小时，把他陪老总出差的小心思"和盘托出"，比如要背双肩包，腾出双手方便帮领导拿东西；到了房间赶紧帮领导递拖鞋、烧开水，让领导感受到家的温暖；随机应变帮领导过滤环境，营造轻松愉悦的出差氛围；时刻关注接待规格，千万不能让对方把领导看扁了……

临挂电话，小陈还再三叮嘱："小蔡，你可要把握住机会啊！我们老总说过，他就是通过出差来'考察'下属的。"

小蔡听了直犯嘀咕，觉得小陈的这些"套路"也太溜须拍马了。但第一次陪领导出差，自己心里确实没底，于是狠下心来决定"如法炮制"。

下飞机后到了宾馆，小蔡和焦书记一起办理完报到手续。小蔡又陪着焦书记到了房间，把水给烧上，空调打开，做完了这些，还在焦书记的房间里转来转去舍不得离开，一心想找出哪里还不够温馨。

焦书记见小蔡还在到处拾掇，说："小蔡，这是我自己的事儿，你真的不用管我。你先回去把稿子按我们在飞机上说的改一改，我也再熟悉下相关材料，咱们集中精力，明天把会开好！"从焦书记房间退出来，小蔡看到电梯口有几个人探头探脑，就上前打听，原来是几个本市籍贯的在京商人跑来找焦书记，想跟焦书记汇报一些"合作设想"。小蔡想，大晚上的，这不打扰领导休息嘛？！作为随行人员得帮领导"过滤"掉啊。于是小蔡挡驾道："我是市委办派过来的工作人员，焦书记有公务明天才过来，你们先回去吧。"

那几个人虽然遗憾，却也只能怏怏离开。小蔡心里暗自得意："还好我把关及时，给领导减轻了不少负担。"

回到自己房间，小蔡拿出刚领的会议手册仔细翻看起来，主办方把焦书记安排在第二天上午第四个发言。小蔡圆圆的脑袋又琢磨开了：我们市不管从经济总量还是知名度上，都要超过前几个地区，凭什么就把我们放在后面，焦书记看到，会不会觉得规格不够？小蔡抓起电话就给会务组打电话，会务组解释，都是按发言主题的逻辑排的，并不是给各个市"排座次"。小蔡却坚持要把焦书记的发言顺序调到最前面。会务组年轻的工作人员被他缠得没有办法，只好答应跟领导汇报，看能否调整。小蔡心里熨帖极了，觉得自己又立了新功。

"咚咚咚"，门外有人敲门，小蔡踏上拖鞋，慢悠悠晃过去开门。没想到门外竟然是一脸严肃的焦书记。小蔡有种不好的预感，估计自己哪里做错了。

果然，焦书记进屋坐下后开门见山："小蔡，这次出差你工作很主动，这是好事，但我觉得你有'跑偏'的问题，我得叮嘱你几句。一是谦虚而不谦卑。你为我服务，主要是保障我的工作，而不是给我当保姆，提包、烧水这些事我自己干就行。二是圆通而不圆滑。有些时候我们工作确实需要变通，但这指的是讲究方式方法，而不是欺骗他人。家乡的商人想回家乡投资，这是好事，我不一定方便见他们，但你也不该撒谎说我不在，而应该帮他们对接招商部门。三是到位而不越位。刚才会议主办方说我要调整发言顺序，搞得我一头雾水，一问才晓得是你给人家打了电话。但我根本没有这个意思，你这就是越位了。谦虚而不谦卑，圆通而不圆滑，到位而不越位，这是我年轻时给行署老专员王老当秘书，第一次见面时他送给我的三句话，我终身受用，今天我也送给你。"

小蔡听得心服口服，同时也不由得松了口气，还好焦书记提醒得早，没有造成更大的尴尬。

三、处处留心皆创造

小蔡从焦书记屋里出来，回到办公室，情绪明显不对。

科长一看，关心地问小蔡："怎么了小蔡，脸拉这么长，都快掉地上了，又捅什么娄子了？"小蔡把手里的稿子往桌上一放，沮丧地说："写了三四天的稿子，结果一眼被焦书记看出两个错别字。没有表扬不说，还被批评了一顿，说我工作不细心。这下，我可算明白老笔头们说的，'没有错别字是1，其他都是0'。"

科长走过来拍拍小蔡的肩膀安慰他："你送稿子之前没有校对吗？"

小蔡委屈地说："校对了，我还读了好几遍，但是熬夜熬得两眼发直，根本校不出错别字，怎么办？"

科长若有所思："这确实是一个问题，我也在考虑。自己写稿子写得头昏眼花，思路、语言都太熟悉了，很难发现错别字。应该有一个长效机制，彻底解决这个问题才好。我们都回去好好思考一下。"

科室的小刘两手一摊："能有什么好办法，这么多年都这样，写的越多，错就越多，除了自己多看几遍也没有什么好办法，说到底还是责任心问题。"小蔡听了没吱声，思绪已经飘远了。

第二天一上班，小蔡兴冲冲塞给科长两页纸，科长一看，标题是《关于在文稿校核中设置 AB 角的建议》。

小蔡两眼放光，滔滔不绝起来："科长，根治错别字，依靠单兵作战、打游击不是长久之计，我觉得还得探索新机制，把团队的力量调动起来。这是我的初步想法，跟您汇报一下。我们科室同志可以两两组对，互为'AB'角。A 角为某项文稿任务主办人员，负主要责任，B 角为协办人员，负次要责任。两人在文稿写作、校对中互相协助、互为补充。每次文稿上报前，AB 角互相进行校对。我觉得通过这样一个设计，把相互校对这项机制固定下来，一定会有助于消灭错别字！"

旁边的小刘听了，一拍大腿："这个办法不错啊！"科长同样点头说："小蔡，你这个办法不错，我觉得 AB 角还可以继续拓展，不光是对文稿写作、校对，其他工作也是一样，一人因事离岗前，要交代好工作，另一人在其离岗期间代为行使岗位职责，确保工作无空档。遇有紧急任务或重要工作时，AB 角协同处理。"

秘书科试验了一段时间"AB 角"，错别字的出现率明显下降。大家都见识到了创新的成果。科长借机把大家召集到一起："大家再提一提，咱们的工作在流程、内容等方面还有哪些可以改进的地方？"大家七嘴八舌，很快又梳理了不少亟待解决的"痛点"。

小刘说："我提一个，咱们应该建一个公共文稿资料库。现在我们写稿子都是各写各的，相互之间不通气，每次我想参考别人的稿子，都需要拷贝一堆资料过来，能否建个科室内部的共享文件夹，把有借鉴价值的稿子整理好，分门别类放里面，大家可以随时学习参考？或者，现在有很多企业云盘，咱把不涉密的放进去，随时随地都能看，也来个'云上办公'？"大家纷纷表示这个建议不错。

小张说："咱们秘书科还管着市委办的几个会议室，关于订会议室，我有一个想法。每次不熟悉会议室布置的人来订会议室，都要反复问咱们，这个会议室能坐多少人？桌子怎么摆放？有没有音响？咱能不能做个所有会议室的简要示意图，把空间大小、座椅数、设备标清楚，大家一目了然，咱也能少费些口舌。"对此，大家频频点头。

小马说："我特别爱研究手机 APP，发现有几个语音录入、文字识别、日程管理、文件搜索的软件特别好用，能提高效率，待会儿我推荐给大家。"

大家喜出望外："小马，干脆建个微信群，快发给我们！"

会后，科长欣赏地对小蔡说："你看，都说办公室工作要严格按流程、规矩、规章制度办事，但只要对推进工作有实际效果，新的方法和流程，我们都得大胆去想、去试！"

四、工作靠不靠谱，就看这三点！

"人倒霉，真是喝凉水都塞牙缝。"从科长那儿回来，小蔡往椅子上一靠，有气无力地吐出一句话。

坐在对面的老张抬起头同情地看了小蔡一眼，本想安慰两句，却一时想不出好的说辞。他知道，这几天，密集的批评压得小蔡有些喘不过气。

先是焦书记不满意，批评小蔡心不在焉。

小蔡接到任务，要起草焦书记在本市某爱国主义教育基地落成开放活动上的致辞。动笔前，焦书记特地把小蔡叫到跟前面授机宜："小蔡呀，我的想法跟你碰碰，主体部分可以讲三个方面的意思。第一，说一说基地建成的意义；第二，回顾一下我市光荣的革命传统；第三，就新时代弘扬爱国主义精神发出倡议……"焦书记话音未落，小蔡这边一个响亮的喷嚏直接打断了焦书记的话。

"小蔡，感冒不轻啊，我刚才说的三点都清楚了吗？"焦书记关切地问。

小蔡看看手里的笔记本，刚才一直想按捺住尽量不把喷嚏打出来，根本没听清第三点。想张嘴问，又怕焦书记责怪自己没有认真听。

小蔡咬了咬嘴唇，支支吾吾地说："嗯嗯……"出了焦书记房间，小蔡立马后悔了：刚才应该问清楚的。但转念一想，材料逻辑主线比较清楚，我就帮焦书记发散一下吧。

小蔡交稿的时候，焦书记扫了一眼有些不乐意了："小蔡，我说的第三点，是要就新时代弘扬爱国主义精神发出倡议，你怎么写成'不断扩大爱国主义教育基地的影响力'？"

小蔡知道责任完全在自己，只能老老实实检讨，当时没听清，却又害怕领导责怪，没敢再问。"连任务都没搞清楚，心不在焉！"焦书记丢下这句话，让小蔡拿回去改。

再是主任发了火，说小蔡盯不住事。

快到年底了，主任交给小蔡一项重要工作：梳理一年来焦书记分管各部门落实常委会决议、领导批示件的情况，进度慢的要赶紧督促。小蔡不敢怠慢，老早就发下通知，请焦书记分管的各个部门尽快提交常委会决议和相关批示件的办理情况。

眼看到了截止期限，其他部门都提交了，只剩农业局了。小蔡打电话过去催，农业局办公室主任老陈的态度热情得不得了，一口一个老弟地叫着，又是诉苦又是摆困难，请小蔡宽限几天，再多给他一周时间。小蔡想到老陈一直待他不错，主任似乎也没盯着要，恐怕也没有那么急，于是就答应再给老陈些时间。

不承想，还没过两天，主任就火急火燎地打电话找小蔡要统计表。

原来，市委决定近期开会，统一研究部署常委会决议落实情况，加强督办，统计表必须马上汇总。小蔡硬着头皮给老陈打电话请他马上交表，老陈哪能马上拿得出手。小蔡只得如实跟主任说了情况。主任这下可急了："这么重要的事你都盯不住，有问题也不早说，拖到现在，你严重影响工作进度了知道吗？！"

今天，科长竟然拍了桌子，说小蔡把不住关。

秘书科牵头起草一份重要文件，大家费了很多功夫，反复打磨，层层修改，终于定稿。常委会审议前，科长打印了一份定稿，让小蔡去文印室复印20份，供会上讨论用。这还不简单？小蔡很快就把尚有余温的材料交到了科长手上。

科长问小蔡："检查过了吗？"小蔡心想，复印机都是自动打印装订的，这么先进的机器能出什么问题，于是信心满满地对科长说："没问题。"

结果，不知是复印机卡纸还是什么原因，材料的中间一页只印出来一半，下半部分竟然是空白。这份有瑕疵的材料发到了统战部王部长手上，王部长一拿到就发现了。

还好，工作人员马上给王部长替换了备用材料。散会后，科长跟小蔡拍了桌子："你不是检查过吗，怎么还出了问题？常委会上的复印材料都把不住关！"

"张哥，你说我是不是就是个不靠谱的人啊？！"小蔡沮丧地跟老张吐露心声。老张站起身拍拍小蔡肩膀，安慰他："小蔡，你别灰心，靠谱哪里是什么性格，靠谱是一种闭环意识。有人说靠谱就是早请示晚汇报。其实，哪有那么简单，我个人总结，靠谱一定要把住首尾相连的三个环节：

首先，接受任务的时候，不要光点头说好，埋头干活，一定要问清楚、记清楚、搞清楚这项工作要求的是什么标准、什么时间。最好能把领导的要求再复述一遍，请他确认。你被焦书记批评，就是这个环节没做好。其次，任务推进的过程中，要盯得住，发挥主观能动性去推，无论是遇到问题还是取得进展了，都要及时反馈。在电脑上下载文件，电脑还会显示下载进度条呢，何况我们干工作。你被主任批评，就是这个环节没做好。最后，工作出手的时候，要停一停，认真复核一遍，你交出去的活儿，必须是经过仔细检查的。你被科长批评，就是这个环节没做好。"

小蔡听了老张的话，如拨云见日："张哥，我明白了，工作靠不靠谱，就看这三点！（见图 7-1）"

图 7-1　工作靠不靠谱，就看这三点

五、有话真得好好说

年底了，又到了"洛阳亲友如相问，就说我在写总结"的时段。各项工作任务纷至沓来，秘书科更是天天"兵荒马乱"的样子。

小蔡手头攒了好几个大稿子要写，从早到晚坐在电脑前不挪窝，都四五天没洗澡了。

小蔡不禁感慨，还好找女朋友下手早，否则现在这副尊容，哪有女孩子愿意多看一眼？

加快推进、深入开展，大力……再想个什么词儿呢？眼看到中午了，小蔡的脑子有点卡壳，可交稿时间迫在眉睫，只觉得越来越烦躁。

这时，机关党委的刘科长走进了秘书科，发现大家都忙着手头工作，没人注意到他，只好敲敲门："大家都在忙啊！"

坐在门口的小马站起身问好："刘科长，什么风把您给吹过来了！"

刘科长笑道："小马，上周我们发了通知，让各科室统计科室党小组2018年开展活动的情况，你们弄好了吗？下班前得提交啊。"

小马指指里屋的小蔡说："我们科长把任务交给小蔡了。"

刘科长大步走到小蔡电脑前，小蔡打字打得正入神，丝毫没有停下来的意思。

"小蔡，你们科的党小组活动情况统计好了吗？"被怠慢的刘科长有些尴尬，只得敲敲小蔡的办公桌。

思路被打断的小蔡有点愠怒，不客气地对刘科长说："您看我们秘书科忙的，大家都是满负荷工作，根本没时间。再说了，这不还没到截止时间吗？"

刘科长莫名其妙碰了钉子，也火了："别的科室都交了，所以我才过来提醒你们，只剩半天时间，你赶出来的东西质量有保证吗？再说，谁不忙？年底大家都很忙。你下午要是交不了，我们只能如实跟领导报告了！"

刘科长的话，让小蔡气不打一处来，站起身来还想反驳："这是什么意思……"

话音未落，秘书科科长不知道什么时候回到了办公室，拍了拍刘科长的肩膀，嬉笑着对刘科长说："兄弟啊，你平时一年也不来一回秘书科，咋一来就催任务了啊。总结党小组的工作，我们哪敢怠慢，上次开完会我就布置给小蔡了。可小蔡确实手头还有好几个大稿子，特别是有个明天上午要用的会议讲话，早上主任又刚提了一大堆意见，小蔡正在修改呢。谢谢你提醒我们，我们马上分头弄，按你们的要求抓紧统计，一定在截止日期之前交给你，你看这样行吗？"

听了这番话，刘科长的气消了一大半："你们平时就很忙，哪里敢来多打扰，这次只是友情提醒。谢谢科长对我们工作的支持，辛苦秘书科的同志们了！"

科长把刘科长送出门口，回过头对小蔡说："小蔡，别冲动，大家都是同事，有困难你也应该好好说话。这事儿中午大家商量一下，党小组的总结任务我们来分担，你先赶紧把这些材料给焦书记送过去。这些是下周需要领导们集体参加活动的几个方案，年底了活动比较密集，你好好看看。（见图 7-2）"

图 7-2 有话真得好好说

小蔡似乎还沉浸在刚才的事里，没回过味儿来。接过材料后，简单翻了翻就敲开了焦书记办公室的门。

"焦书记，有几个会跟您汇报一下……先是周四要开一个全市党风廉政建设总结会……然后这个……周一，对，周一有一个市委中心组学习会……"

焦书记皱起了眉头，挥挥手打断了小蔡："小蔡，下周总共几个会？你这一会儿周四，一会儿又周一的，把我给绕糊涂了。你就告诉我总共有几个会，会议时间在周几，分别是什么内容就行了！"

小蔡意识到自己语无伦次有失水准，顿了顿，重新组织了语言。

"焦书记，跟您报告，下周会比较集中，总共有四个会需要您参加，一是周一的……，您需要……；二是周三的……，您需要……"

这次，焦书记对小蔡的汇报赞许道："这样说我就清楚了。汇报工作，一要准确，把关键信息说清楚；二要有逻辑，千万别东一锤子西一榔头的，得条分缕析地说。"

下班回到家，小蔡在日记本上写下了如下心得：

有话真得好好说。工作中会面对很多棘手问题，无论何时都需要以积极的心态应对，用乐观的态度沟通，把真诚和热情写在脸上。

跟领导说话，要先想后说，突出重点，逻辑清晰，切忌"眉毛胡子一把抓"。这才是秘书工作中的"会说话"啊！

六、调研不是摆样子

中巴车还在乡村公路上颠簸，焦书记转过头对王主任说："这次调研，市委办安排得很好，了解到不少真问题，也看到了不少好经验，要记一功。"

王主任接过话："小蔡牵头办的，细节把握得很到位。"

小蔡连忙笑着摆手："都是主任带着我办的！"

小蔡说的是心里话，要不是王主任手把手教，真不知道这次调研闹出多少笑话来。望着车窗外闪过的白杨树，小蔡的思绪禁不住飘回到一周前。

那天，焦书记提出要去某山区县看几个农业产业化的点，开一个调研座谈会，把基层干部、企业负责人叫到一块儿，听听大家对市里农业产业化工作的意见建议。王主任把协调组织这次调研的任务交给了小蔡。

接到任务后，小蔡急得直搓手，恨不得马上给县里打电话，毕竟这是自己第一次牵头服务调研，千万不能出岔子。

王主任见势，赶紧拦住小蔡："小蔡，你别着急，调研的主题怎么确定，准备看哪些地方，陪同人员范围，大致时间安排，你心里有数了吗？连基本方案都没有，你怎么通知县里？县里不了解我们的需求，到时候出现调研非所需、所看非所想的情况，时间成本、工作成本就高喽！"

小蔡暗暗佩服，还是主任考虑周全，与其零敲碎打地沟通，不如先拿一个初步调研方案，这样跟县里沟通起来效率更高。"主任，明白了，我马上去拟方案。"

做方案对小蔡来说轻车熟路，当天下班前，小蔡就把调研方案草稿交给了王主任。主任扫了一眼，抬头问小蔡："基本可以，不过，为什么调研点还安排了休闲旅游区？还有，陪同人员为什么这么多？"

小蔡似乎早料到主任有此提问，不慌不忙道："这个休闲旅游区是最近特别火的一个乡村旅游点，他们靠拍短视频宣传旅游，吸引了很多外地游客，我琢磨着是不是顺便去看看？至于陪同人员，太少了是不是显得咱市委办不够重视？"

王主任摇了摇头："小蔡，你记住，调研目的要聚焦，一切活动围绕主题来安排，一天时间咱们能摸到些农业产业化的情况就很不错了，这个安排建议删掉。"

小蔡仔细一想，确实"跑偏"了。

"还有，陪同人员太多了，像你这样搞，不成了'组团式调研'了吗？实际上，无关的人越多，调研效果越差，调研队伍一定要精干，陪同人员你再调整一下。"

主任接着叮嘱小蔡："你再跟县里强调一下，这次调研，各个调研点不用准备展板、汇报材料这些东西，焦书记强调了，就到生产一线、车间厂房去看，不听汇报，不翻档案资料；另外，每个调研点预留的交流时间要充分，让大家坐下来好好聊聊，不搞那种'导游'领着转的'旅游式调研'！"小蔡一边听着主任的话，一边在笔记本上飞快地记，心里十分佩服："这些都是搞调研的真经啊！"

……

"小蔡，你想啥呢？我刚布置的事你清楚了吗？"沉浸在回忆中的小蔡瞬间被拉回了现实，发现王主任正笑盈盈地看着他。

"主任，我刚刚走神了，您有什么指示？"

"小蔡，你的任务还没结束呢！一场调研，关键看最后形成的调研报告是否有分量、有价值，能不能让调研成果更好地推动工作。绝不能一路看、一路过，没有形成任何有价值的调研成果，这就流于形式了。你回去还要下功夫好好打磨调研报告，拿一个初稿咱们一起研究，可别随便整一个花架子啊！"

"主任您放心，有了这次扎扎实实的调研，我手上'弹药'充足，有信心拿出一个不摆样子的报告！"

第八章

渐入佳境

chapter 8

<<<

一、"钻"，比动笔更重要！

翻着手机上的日历，看着屏幕上一片空白的文档，小蔡不禁有些心慌。坐在对面的老马看到小蔡的神情，打趣道："小蔡，碰到硬骨头了吧？这几天要熬夜了。"

小蔡挠挠头，满面愁容地说："马哥，我还真不怕熬夜，只是第一次主笔这种大稿子，心里有些发怵，不知道从什么地方着手。哎，憋了一上午，也没敲几个字。"

元宵节前后，市里要开全市工作部署动员大会。主任把为郑书记起草大会讲话的任务交给了小蔡。像这样的大稿，小蔡还是第一次担纲。压力越大，越没思路，这不，打开文档一上午了，一句话也没有敲出来。

桌上的电话响了，电话那头是主任："小蔡，今天下午市委开务虚会，你去旁听一下。"

小蔡迟疑了一下，还是鼓足勇气说："主任，我正在写您布置的讲话，还有不到一周就要开会，时间已经很紧了，您看，要不我就不参加了，专心写稿子？"

"你啊，磨刀不误砍柴工。让你去旁听，就是想让你好好领会一下领导们的思路，对今年的重点工作有一个全面把握！"主任笑着给小蔡解释了一番。

小蔡恍然大悟，原来让他参会另有深意："多谢主任，我一定按时参加！"

老马热心地叮嘱道："主任是让你听会吧，赶紧把录音笔找出来带上，领导一开讲，你就开录，尽量原汁原味地把领导的话记下来。这对你写稿子的帮助可大了。"

下午的务虚会一直开到晚上七点多才散会。小蔡的肚子饿得咕咕叫，内心却充实极了。会上，领导们畅所欲言，提了很多对市里工作的设想，谈了不少重点工作。听完这次会，今年的动员会讲话稿怎么写，小蔡心里已经有谱了。会上领导们语速快，小蔡有不少地方没记清楚，还好听老马的话带了录音笔，小蔡准备赶回办公室，趁热打铁把录音稿整理出来，再琢磨研究一番。

主任叫住了他："小蔡，来我办公室一趟，有东西给你。"

回到办公室，主任先是问小蔡："怎么样，听会收获挺大吧？"

小蔡眼睛都亮了："主任，太受启发了，我之前闭门造车对着电脑憋稿子，路子完全不对啊！"这时，主任递给小蔡一个优盘："看来你找到点感觉了，再给你一个宝贝，这里面是郑书记一年来大会小会讲话的录音整理稿，还有公开发表的文章。回去好好研究一下，郑书记讲话的风格和焦书记不太一样。"

第二天一大早，主任的电话就追过来了："小蔡，你研究郑书记的讲话，有哪些心得？"

"郑书记讲话就像拉家常一样，娓娓道来，比较平实，重数据分析，喜欢用数字说话。另外，郑书记比较喜欢谈问题，在这方面我可能还要多下功夫，把目前市里经济社会发展面临的问题重点梳理一下。"

主任在电话那头笑出了声："小蔡，你这次学习蛮有成效嘛。给领导代拟讲话稿，一定得符合他的风格，这绝不是坐在办公室里拍脑袋就能想出来的。我个人体会，写稿子得学会'钻'：一是'钻'到会里面去，尽可能多地参加一些领导出席的会议和调研活动，做好记录；二是'钻'到文里面去，多研究领导之前的讲话和平时撰写的一些重要文章。在'钻'的过程中，感受和贴近领导的思维、逻辑和文风，这样才能'适销对路'……"

挂了电话，小蔡重新打开了昨天的空白文档，默念："'钻'，比动笔更重要！"

二、"兵荒马乱"的一天

小蔡早上刚到办公室，就喝了一大杯咖啡，但还是困顿不堪。本想尽快把焦书记的一篇讲话稿改完，但脑子怎么也不听使唤，仿佛一团糨糊，个把小时过去了也没改几行字。此时的小蔡，越发后悔昨晚刷手机折腾到凌晨才入睡。

小蔡拖着沉重的双腿站起来倒水，路过老马身边，只见老马把键盘敲得噼里啪啦响，一副精神饱满的样子。小蔡忍不住问："马哥，您这状态也太饱满了，刚布置的主持词您就要弄完了？"老马往椅背上一靠："是啊，我五点起床，早上还跑了三公里呢！"小蔡瞠目结舌："跑步了还不累？我要跑三公里，估计得喘半天。"

"小蔡，跑步啊，是越跑越精神！"

办公室的电话响了，是焦书记："小蔡，你通知上次农业产业化座谈会参会的三位专家，市委党校胡教授、市职业大学曹教授，还有农科院的王教授，请他们下午来我办公室。还有几件事想听听三位专家的意见。直接通知专家本人就行。"

上次座谈会是小蔡通知的，应该存过三位专家的电话。小蔡连忙去翻手机通信录，一看，竟然没存。没办法，只能给三个单位的办公室打电话。

职业大学办公室一直没人接电话，不知道人跑到哪儿去了。农科院的倒是接了电话，不过小伙子业务不熟，半天也没查到王教授的手机号码。

焦书记是个急性子，见小蔡半个多小时还没回话，电话立马追过来了："怎么样，小蔡，三位专家下午能过来吗？"

　　小蔡只能硬着头皮告诉焦书记："焦书记，正在联系，党校的胡教授可以过来，还有两位老师没联系上，一旦确定我尽快报告您！"

　　还好焦书记没说什么。

　　小蔡突然想起，上次座谈会科长也参加了，科长会不会存了几位专家的联系方式？果然，科长手机里都存了。小蔡注意到，科长的手机通信录中每个专家的备注都很详细。

　　小蔡好奇地问："科长，您通信录的每个人都备注得这么详细吗？"

　　"是啊，这不应该是'规定动作'吗？联系过的人第一时间存好备注，写清单位、职务，再联系起来才方便。"科长意味深长地看着小蔡说。

　　对比之下，小蔡很是汗颜。科长是一个特别讲究"规定动作"的人。比如：每天早上把待办事项列好贴在办公桌面上；工作结束时清理电脑和办公桌……

　　有了科长存的联系方式，小蔡很快就跟焦书记交了差。刚准备喘口气，桌上的电话又响了起来，这次是主任。

　　"小蔡，上次你起草的新年部署会讲话很不错，我已经把信息科整理的现场录音稿发你邮箱了，请你尽快和讲前稿对照一下，把涉及改动的地方都标出来，做一版花脸稿，便于明天办公室业务学习。"

　　小蔡一听，内心不由哀叹，这个工作量可不小，要把改动的地方一一用修订模式标出来，估计又得一两个小时！既然领导布置了，赶紧开工吧。

　　同科室的小刘不知啥时候站到了小蔡身旁，见小蔡正拿着两份纸质稿一行一行地对照寻找不同，赶忙说："蔡哥，Word 里有一个比较功能，只要把改前和改后的文件放到一块儿，就可以自动找出修改的细节，并标记成修订模式！"

　　小蔡赶紧请小刘教自己，这招还真是管用！看来，会打字跟会用 Word 完全是两码事，自己得多买几本办公软件教程学一学喽。

　　下班路上，小蔡用手机的语音识别软件"写"了一篇工作笔记：

　　今天一天磕磕绊绊，工作效率太低，简直是"兵荒马乱"的一天。感悟一，没有良好的精神状态，工作效率难以保障，今后得早睡早起，跑步健身，精力够充沛，工作才可能"打鸡血"。感悟二，得有自己的"规定动作"，比如，通信录备注要详细，办公桌面、电脑文档、文件资料要随手整理，节约后续查询时间。感悟三，尽快学习并使用能够提升效率的办公软件，给高效工作插上翅膀。

三、"推活儿"的"讲究"

秘书科有个"土规矩"，大家每天轮流值日。今天是小蔡值日，昨天晚上，他还专门把闹钟往前调了半小时。早上一走进办公室，小蔡看见小李正满头大汗地拖地，水也打好了。小李是最近从乡镇遴选上来的小伙子，憨厚寡言，别人高谈阔论他从不掺和，遇事总是"嘿嘿"一笑。

小蔡赶紧抢过小李手里的拖把："兄弟啊，科里有值日表，你今天帮我干，明天帮老马干，后天帮科长干，那不一直都是你干了？事务性的工作我们一起分担，你得空赶紧练练笔杆子，争取少熬夜啊！""嘿嘿，好的。"小李不好意思地笑着，没再坚持。

搞完卫生，大家也陆续到了。小蔡刚打开电脑准备开始码字，传来了敲门声。小蔡一抬头，只见督查室的王科长拿着材料站在门口。

小蔡连忙起身："师傅，什么风把您吹来了？最近没下去督别人，怎么得空到我们这儿来巡视了？"

王科长是从秘书科提拔到督查室的，那会儿小蔡刚到秘书科，写材料还摸不着门道。王科长总带着小蔡"推稿子"，因此，小蔡一直把王科长当"恩师"。

"小蔡，你还是这么没正形。"王科长拿着手里的材料拍拍小蔡，"你们科长呢？我有事找他商量。""科长刚被领导叫走了。"小蔡答道。

"我待会儿也有会，先不等他了。小蔡，帮我跟你们科长说一下，是这样，一季度有几个领导批示事项，相关委局还没有反馈办理情况，你们秘书科直接服务领导，力度大，能不能请秘书科牵头督一督这几个件?!"听了王科长的话，小蔡感到为难，秘书科没有督查的职能，能督吗? 但碍于面子，他也不好直接拒绝王科长。当面推活儿? 那不把师傅给得罪了。于是，小蔡先接过材料说:"明白了师傅，那我待会儿先跟科长汇报一下。"

送走王科长，小蔡的屁股还没坐到椅子上，又有人来敲门，这次是政研室的周科长。周科长之前在党校工作，刚到政研室没多久，小蔡跟周科长并不熟。周科长手里拿着一沓材料，也是来找科长的。

周科长似乎很着急:"那我先给你说吧，下周市委开全市农业工作会，政研室牵头准备会议材料，这是会上各部门的发言提纲，我们已经审过一遍，你们能不能协助我们再审核一下? 也算是我们正式征求你们的意见了。"

瞅瞅电脑上还没写完的材料，小蔡在心里掂量了一下:审核不就是改材料? 这工作量可真不小，要得又急。小蔡还真动了"推活儿"的心思:"周科长，我们最近手头稿子也特别多，要不您先放这儿，等我们科长回来我跟他汇报一下!"周科长想了想，说了句拜托，放下材料走了(见图 8-1)。

图 8-1 "推活儿"的"讲究"

科长回来了，小蔡第一时间汇报了两起"求助"事件："科长，您看这忙，哪个能帮？哪个能推？"科长翻着材料反问道："小蔡，你怎么想？"小蔡坦白了自己的想法："王科长是秘书科的老人，他的事咱们不好意思推。周科长咱也不熟悉，况且最近材料确实多，要不跟他说说，推掉算了？"

科长一副若有所思的样子："老王想让咱们牵头督查，虽然我们私下很熟，帮忙打电话督促一点问题也没有。但让我们牵头，就涉及部门职责。秘书科没有督查职权，怎么能牵头？部门职责分工的基本原则，是一件事情一个部门负责。至于政研室那边，咱们应该帮。虽然下周会议的文字材料是政研室主办，但为领导提供文稿服务是咱们的本职，秘书科不能当甩手掌柜，应配合政研室把数据、案例、情况搞准，确保不出现错误。所以，这个事咱不能推。"小蔡琢磨着科长的话："就像我们科里的值日制度，每个人首先看好自己的一亩三分地，如果实在忙不过来，大家当然要互相帮衬着！"

科长点点头："对，首先要做到'不多事'，尊重职责分工，尽好本职、守好本分；其次是'不误事'，在搞好本职的基础上，团结协作、主动补台。"

小蔡嘻嘻一笑："'推活儿'都推出理论来了。明白了，工作协调有讲究！"

四、得把精力放在解决问题上

从文电科出来，小蔡简直气炸了，从二楼到三楼短短几步路，他已经在心里把文电科副科长小吕"怼"了十几遍。

同屋的小马感觉气氛不对，小心翼翼地问："怎么了蔡哥，脸色这么难看？"这下可让小蔡逮住吐槽的机会了："这个小吕，拿着鸡毛当令箭，公报私仇。不就是上个月演讲比赛我赢过他，这么记仇？写得这么好的文件，非让我删掉一半！"

原来，农业局给市委办报了一份加快全市智慧农业建设的文件，想以市委办的名义印发。因为焦书记分管农业农村工作，所以主任安排小蔡负责办理。小蔡和农业局办公室的同志们字斟句酌、反复推敲，一连熬了几个通宵搞出了文件稿，不承想，报到文电科，第一关都没过去。

吕副科长拒绝得很明确："中央前不久下发《关于解决形式主义突出问题为基层减负的通知》，明确规定政策性文件原则上不超过十页。我们市里的细则要求重要文件不超过八页，一般性文件不超过六页，你们这个文件竟然有十二页，得删掉一半再报来！"

小蔡赶忙赔上笑脸："兄弟啊，智慧农业是个新事物，需要解释得充分一点，你看这意义能删吗？重要性能删吗？指导原则能删吗？都不能啊！"吕副科长不为所动，冷冰冰地把要求重复了一遍，小蔡气得转身就走。

"怎么删，这么重要的文件！小马，你说说怎么删！"小蔡在办公室滔滔不绝地抱怨。小马一个劲儿地朝小蔡使眼色，小蔡回头一看，嘿，吕副科长就站在小蔡身后呢。小蔡一时语塞："你……"

吕副科长拍了拍小蔡的肩膀，笑道："兄弟，你不是下不了手吗，我来帮你一起删。不是我为难你，精简文件的精神就是这样，我帮你一起调整，改完你就知道了，文件短一点，绝对是好事。"

一番话说得小蔡无言以对，默默坐下打开文档。整整一上午，吕副科长带着小蔡大刀阔斧地调整。和上级文件重复的内容，删！穿靴戴帽的套话，删！冗长的表达，删！最后，文件留下的净是干货。

小蔡从前到后翻看着改出来的"精简版"，彻底服气了。

"吕副科长，还真别说，现在文件只有六页，反而说得更明白了！"小蔡满意地端起桌上的茶水抿了一小口。

"是啊，文件是可以写短的，而且写短了的文件更有力量！"吕副科长伸了伸懒腰，露出了开心的笑容。

"蔡哥，王主任叫您去他办公室一趟，有任务要辛苦您！"小马刚从王主任那儿回来，打断了小蔡和吕副科长的"神仙会"。小蔡跟吕副科长迅速告别，抓起笔记本直奔王主任办公室。

"小马下周休假，他负责的秘书长办公会会务，你盯一下，具体工作跟他对接好。我马上有个会，不跟你细说了！"王主任开门见山。

小蔡回到科里，狠狠拍了一下小马肩膀："你小子，自己要休假了，让我们给你打工！"小马嘿嘿一笑："辛苦蔡哥了，我这休假也是受益于'减负'，这个会办起来不复杂，我给您捋一下。"小蔡一脸不屑："你小子站着说话不腰疼，我之前也办过这个会，每次提前好久就要让部门报材料，还要印材料、打座签，折腾半天！"小马打印出一张议程，交给小蔡："这次的秘书长办公会，有两个议题需要委办局的负责人汇报，这次明确说了，不用提前交材料了，座签也不再摆，完成会务工作完全没问题！"

小蔡还有点没回过神。之前办会，打座签、印材料往往要耗费很大精力。座签要打印得工整、美观，还要摆成一条直线。收材料更是个苦差事，提前好几天就开始催，还要调格式、印刷成册。到了会上，汇报单位也是"不敢越雷池一步"，照着材料一念了事。

小马继续解释："那天秘书长布置任务的时候说了，过去战争年代，几个人围着破破烂烂的桌子就把作战会议开了。我们现在开会，也要把形式主义的东西都去掉，得把精力集中在解决问题上。"

"把精力集中在解决问题上"，这句话引起了小蔡深深的共鸣。形式主义占用时间少了，大家解决问题的精力就多了！

五、调研历险记：就想听听老百姓的心里话

这段时间，市直机关的同志们轮流休年假。市委办要求大家借休假的机会开展调研。小蔡跟焦书记说起这事，焦书记建议："现在都在聊水果

涨价，你可以就这个问题去搞一下调研啊。不一定要找一堆人开座谈会，正所谓'麻雀虽小，五脏俱全'，不需要分析每个麻雀，解剖一两个就够了。"

"焦书记，您启发我了。我表舅就是做水果批发生意的，我就做这个调研选题吧！"

小蔡找到表舅，说要跟司机去广东拉水果。表舅的头摇得拨浪鼓一般，连连摆手："你一个细皮嫩肉的学生娃，哪受得了跑车的罪！"小蔡毕恭毕敬呈上两盒好茶，好说歹说，表舅才算松了口，不解地扔下一句话："搞啥调研啊，真是没事找罪受。"为了确保这次能够摸到最真实的情况，小蔡反复叮嘱表舅，千万别告诉司机他是从市委办来的，只说是远房亲戚跟车干活就成。

表舅果然守口如瓶，一个字也没有吐给司机老吴。去程一切顺利，司机老吴也只当小蔡是个跟车的小工，指挥着小蔡装车搬箱，还一个劲儿地嫌小蔡动作太慢。"现在的年轻娃娃，看着挺壮实，身子骨咋这么虚？"可怜小蔡正上气不接下气地喘着，手上磨起了泡也不敢给老吴看到，两条胳膊早就酸痛不已，累得直不起腰。可他只能在心里暗暗叫苦。

货车在广东的批发市场装了近百箱各色水果，稍作休息就启程往回赶。白天装车累惨了，一上车小蔡就打起呼噜睡了过去。一觉醒来时，小蔡迷迷糊糊地瞥了一眼手表，竟然已是凌晨 1 点多钟了。

"咦？这货车咋开成 S 路线了？"小蔡觉得有些恍惚，等他看向司机老吴时，差点魂都被吓没了！老吴快睡着了！他的眼皮一个劲儿在打架，时睁时闭！小蔡赶紧喊了一声："老吴！"老吴才清醒过来。小蔡好不容易才把一门心思继续赶路的老吴劝下了高速。

为了省钱，老吴坚持不住旅店，让小蔡裹着毯子在车上睡。小蔡还没有从刚才的险情中缓过神来，心咚咚直跳："吴哥，刚才实在太危险了！"

老吴一脸歉意："嘿嘿，我也是急着往回赶。夏天里，水果坏果率格外高，路上多花半天时间就得损失几千块。晚上高速路车少，我们都通宵开夜车，等到白天才眯一会儿（见图 8-2）。"

图 8-2　调研历险记：就想听听老百姓的心里话

通过跟老吴聊天，小蔡才知道，水果批发价并没有太大变化，但天气热了导致坏果率高，水果的运输和保存成本更高了，这是水果涨价的主要原因之一。

"再急也不能疲劳驾驶。行车不规范，亲人两行泪！"小蔡看着窗外黑漆漆的服务区，嘟囔着准备入睡了。"唉——"老吴长叹了一口气，"还不是为了多挣一点钱！你在车上睡，我去车下面铺张席子睡。"

"吴哥，车上舒服些，您别下去了。"小蔡不解，叫住了老吴。"我睡在下面看着油箱，怕晚上有'油耗子'来偷油！"原来，跑长途运输的司机，晚上停车休息时还可能碰上偷油贼，几分钟就能被人偷走油，一下又得损失几千块。

所幸一夜平安无事，第二天老吴带着小蔡紧赶慢赶，总算在傍晚赶回本市高速收费站。农产品运输绿色通道出口正排着长长的车队，检验员们挨个查车。眼看就要到家了，小蔡很开心，但老吴的脸上满是焦虑，有些坐立不安。

"请出示你的机动车行驶证、道路运输证、机动车驾驶证，把货箱打开。"终于轮到小蔡他们了。老吴赔着笑脸，紧张地瞅着两个检验员的一举一动。不一会儿，一个高个儿检验员快步走过来告诉老吴："这车不能享受

'绿通'免费政策，你拉的水果重量没达标，还不到核定载重量的 80%。"

"同志啊，我这次运的是樱桃这类比较贵的水果，夏天不敢运太多，能否通融一下？"老吴的脸上难掩失望。"不行，规定就是这样的，请到那边缴费！"检验员公事公办。

无奈的老吴垂头丧气地走过去交费，他沮丧地告诉小蔡，享受"绿通"的限制条件很多，对水果种类、运输数量均有严格要求，有时出于经营风险考虑，拉的货还真达不到条件。

"'绿通'是个好政策，要是能多考虑一下我们的实际困难就好了。市里又搞文明城市创建，早市、晚市都没了，马路边的大集场子也没了，来我们这里批发水果的小贩少了好多。实在不敢拉多，真怕砸自己手里啊！"老吴满面愁容地跟小蔡叨叨着。

"小蔡，这也就是咱俩私下里聊，文明城市创建我支持。电视上说了，人人参与、人人受益！"没想到司机老吴的思想觉悟还挺高。

小蔡嘴上没说话，心里暗想："这次调研，差点在高速路上'遇难'，不就为了听听老百姓的心里话吗？不跟这趟车，哪里知道水果商贩有这么多的实际困难，我得把他们的急与盼全写进调研报告里！"

"小蔡，你的调研报告被书记批示了！"科长对小蔡说。

"问题找得准，调查扎得深，真话敢于讲，写法接地气。请印发相关部门和区县参阅，涉及的问题要拿出解决方案。要多一些这样的调研。"科长一字一句地念出书记的批示，最后说，"小蔡，你这次调研收获够大的！"

六、小蔡的新"担子"

"小蔡，还在加班啊？"这天，主任加完班准备回家，看见信息组房间的灯还亮着，只听到噼里啪啦敲键盘的声音，走过去一看，房间里只有小蔡一个人。

"主任，您怎么来了？"小蔡见主任来了，忙站起来回话，"还有好几条信息没编完，我正抓紧弄！"

"怎么就你一个人？小潘他们呢？"

小蔡憨笑道："主任，我不好意思让大家加班。"

本以为主任会表扬自己，没想到主任板起了脸："小蔡，你这不胡闹吗？你是组长，不光要带头干，更重要的是把大家拧成一股绳，带领团队一起干，这样才能事半功倍！"

原来，最近主题教育工作任务重，市委办从各个基层单位抽调人手，组成了好几个工作小组。刚被提拔为秘书科副科长的小蔡挑起了新担子，被委派接替下乡扶贫的老张负责信息组工作，编印主题教育简报，报送相关信息，手下有了3个兵：区委办的小潘，街道办的小王和乡镇选调生小林。

小蔡不好意思地挠挠头，一脸为难："主任，我一直被人管，这一下子让我管人，还真有点不好意思给他们派活儿。"

"小蔡，组织上让你牵头这个小组，管人管事对你来讲是天经地义，是组织重任、职责所在，是公不是私，是组织行为而不是个人行为。你赶紧把小组管起来。"主任严肃地说。

有了主任支持这把"尚方宝剑"，小蔡底气大增。第二天一早，他开始试着给组里3个同志分配工作。没想到，一开始就碰到了软钉子。

先是小潘提出异议："蔡科长，给省委办公厅报信息专报，以前一直是小林负责，您这次突然把这期编写任务分给我，考虑工作的连续性，是不是还是小林负责好一点？"小蔡脸上有点挂不住，但也不好发作，只能勉强应承："我考虑考虑！"

这边刚打发过去，小蔡听见那边小王和小林在打嘴仗。小王对小林说："小林，蔡科长让咱俩一起弄这篇经验稿，要不你先弄个初稿？"小林毫不示弱："蔡科长让咱俩一起写，没说让我先写初稿，要不我们一起去请示下蔡科长？……咦，蔡科长呢？"

眼看自己的"领导权威"要受到挑战，小蔡溜出去找主任取经去了！"主任，这组长也太难当了，您给我支支招啊！"

主任笑着道："小蔡，我先送你一个锦囊，叫分工负责。你们组现在理不顺，主要是职责不清、分工不明造成的。比如信息专报，如果约定是小林负责，没有特殊情况还是应当让小林去办，不要这次让你办，下次让他办。按照分工，每次把具体任务分配到人头上，谁出问题，板子打在谁的屁股上。"

小蔡得了主任真传，赶紧回到组里，给大家明确了分工，果然，推诿扯皮的事基本销声匿迹，组里工作逐渐走上正轨，小蔡不由暗自佩服：姜还是老的辣！没过几天，市里收到省委主题教育办的通知，要求各地抓紧报送脱贫攻坚、服务群众、作风转变、整改落实等方面的做法、经验和成效，既要有总体性的报告，又要有典型案例汇编，任务理所当然落在了信息组。

又是一天傍晚，主任处理完手头工作，准备下楼回家，又有点放心不下信息组：这几天信息组任务重，小蔡能盯得住吗？于是抬脚拐到了信息组办公室。

与想象中兵荒马乱的场面不同，信息组安安静静——小蔡拿着笔在纸上写写画画，小潘和小林都在聚精会神地敲键盘，小王在文件柜边上翻找材料。

"大家都还在忙呢？""主任，您来了，上报的材料我们正抓紧准备，小潘主攻报告，小林在整理案例，小王搜集素材，我把一道关，估计明天就能给您材料初稿。"

主任听了将信将疑："小蔡，你们动作很快啊，这么快就能拿出初稿？这套材料量可不小啊！"

小潘在一旁道："报告动笔前蔡科长带着我拉了提纲，敲定了立意、篇幅、结构，写起来比较顺！"

小林也搭腔说："我这边也是跟蔡科长先商量好了怎么选案例，有什么标准……我之前写专报，素材积累了不少，现在就是来料加工的问题！"

主任乐了："小蔡，我今天来，本想送你第二个锦囊，叫明确标准，布置任务要把话说得明白些，标准提得具体些，千万别模棱两可，避免让大家反复折腾。今天一看，这第二个锦囊不需要送了！"

"主任，麻雀虽小五脏俱全，我们信息组也是一个组织，想带好，不简单啊！我会好好琢磨您的两个锦囊，带着大家一起把工作做好！"小蔡一脸严肃地向主任表态。

写在结尾的话

　　大家好，我是小蔡，我的秘书故事到这里暂且告一段落。感谢大家陪伴着小蔡，你们是我的朋友，时间也是我的朋友。说心里话，当秘书真是一件苦差事，急稿子派给你，点灯熬夜是家常便饭，当大报告的任务压在肩上时，最爱吃的火锅都不香了。然而，正是在跑跑颠颠的迎来送往中，在字斟句酌的拟文核文中，在通宵达旦的写稿改稿中，我越来越确信，尽管我们每天做的事情微不足道，但正是这日日月月平凡中的点点滴滴，将最终汇聚成党办工作的坚强基石。后会有期，愿我们永远在追梦的路上！